Stadspromenad på svenska

街歩きのスウェーデン語

林 壮行
Takeyuki Hayashi

SANSHUSHA

CONTENTS

#00　Hej!　やあ！
#01　STADSHUSET　市庁舎
　　　　Stockholm　ストックホルム　　　　　10
　　　　Japan　日本　　　　　　　　　　　　16
　　　　Nobel　ノーベル　　　　　　　　　　22

#02　GAMLA STAN　旧市街
　　　　Gamla Stan　旧市街　　　　　　　　30
　　　　Kungliga Slottet　王宮　　　　　　38
　　　　Stortorget 大広場 Storkyrkan 大教会　42
　　　　Tyska kyrkan　ドイツ教会　　　　　44
　　　　Riddarholmen　リッダーホルメン　　50
　　　　Kafe　カフェ　　　　　　　　　　　54
　　　　Souvenir　おみやげ　　　　　　　　58
　　　　Tatuering (Tatoo)　入れ墨　　　　　64
　　　　Såpbubblor　シャボン玉　　　　　　70
　　　　Restaurang　レストラン　　　　　　74
　　　　Hotel　ホテル　　　　　　　　　　　80

#03　KONSERTHUSET　コンサートホール
　　　　Konserthuset　コンサートホール　　88
　　　　Shoppa　ショッピング　　　　　　　92
　　　　Kungliga Dramatiska Teatern 王立劇場　98
　　　　Operan　オペラハウス　　　　　　　104
　　　　Slussen　スルッセン　　　　　　　　112
　　　　Stockholms Stadsmuseum ストックホルム市博物館　116
　　　　Götgatan　ヨーツガータン　　　　　124
　　　　Kontoret　オフィス　　　　　　　　130
　　　　Saluhall　マーケット　　　　　　　136

コラム
　　ノーベル賞の裏舞台　　　　　　　　　　26
　　市庁舎のタワー予約情報　　　　　　　　27
　　三島由紀夫が愛したディスコ　　　　　　36
　　「花」と「鼻」の怪　　　　　　　　　　37
　　ミレニアム・タトゥーの女　　　　　　　68
　　甘い生活 (Dolce Vita)　　　　　　　　　69
　　ある作家の「遺書」　　　　　　　　　　84
　　「モセバッケ」(Mosebacke)　　　　　　85
　　ベルイマン監督のマル秘シート　　　　　111
　　ホーンテッドミュージアム　　　　　　　122
　　ストックホルムで浮世絵を　　　　　　　123

Stadspromenad på svenska

Stadspromenad på svenska

#00
■■■■ ■■■■■■■■■
HEJ!
ヘイ

やあ！

Stadspromenad på svenska

#00
Hej!

ぼくはカモメ。
Jag är en mås.
ヤ（ーグ）　エー　エン　モース

ようこそスウェーデンへ！
Välkommen till Sverige!
ヴェールコメン　ティル　スヴァリエ

これからスウェーデン語の会話を学習して行きましょう。初歩的でも実践的。あなたがスウェーデンを訪れるとき、ホントに使い出のある会話を教えます。日本語で振り返っても、日常会話って、それほど難しくないでしょう。外国の言葉も一緒です。初歩的で単純なフレーズでも、十分にコミュニケーションが取れればＯＫ。難解な単語や、面倒な文法用語を知らなくともよいのです。言葉は自己表現のツールです。学習のポイントは、あなたの気持ちをスウェーデン人に伝えることですから。

この目的を達成する手段として、「ニルスのふしぎな旅」を参考にしました。セルマ・ラーゲレーヴというスウェーデンの女性作家が書いた児童文学。ニルスという腕白坊主が小人にされ、モルトンというガチョウに乗って国内各地を飛び回り、事件にぶつかりながら成長を続けて、ついに普通の子どもに戻る物語。これ、当初は地理の教科書になるはずでした。それをラーゲレーヴは細工したのです。その「ひそみ」に倣って、みなさんにはカモメを友に、ストックホルムの地理と見どころをたどりながら、スウェーデン語を学習してもらいます。

では、ストックホルムのランドマーク・市庁舎から出発です。

#01
STADSHUSET
スタッツヒューセッツ

市庁舎

#01
STADSHUSET

Stockholm   ストックホルム　ストックホルム

スウェーデンの首都、ストックホルムは「水の都」「北のベニス」という別名がつけられています。
なぜでしょうか。
「市庁舎から見ると、よくわかるよ」と、カモメがほほ笑んで言います。

ごらん。あれが市庁舎だよ。
Titta! Där är Stadshuset.
ティッタ　ダール　エー　スタッツヒューセット

まあ、湖に浮いているみたい。
Oj! Det ser ut som om det flyter på sjön.
オィ　デ　セーリューツ　ソム　オム　デ　フリューテル　ポ　シュン

10   Stadspromenad på svenska

ストックホルムは14の島で、できている街なんだ。それで「水の都」というわけさ。
Stockholm består av fjorton öar. Därför kallas den vattenstaden.
ストックホルム　ベストー（ル）　アーヴ　フュウトン　ウーアル　ダルフォー　カッラス　デン　ヴァッテンスターデン

じゃあ、飛ぼう！
Då flyger vi!
ドォ　フリューゲル　ヴィ

ここが塔の一番上だ。106メートル。街が全部、見渡せるよ。
Här är toppen på tornet. 106meter högt. Man ser över hela stan.
ハー（ル）　エー　トッペン　ポ　トーネッツ　フンドラセックスメーテル　ヘクツ　マン　セー（ル）　エーベル　ヘーラ　スタン

そうね。ストックホルムが全部見えるわ。
Ja. Jag* ser hela Stockholm.
ヤー　ヤ（ーグ）　セー（ル）　ヘーラ　ストックホルム

下に降りて見たいわ。
Jag vill* gå ner och se.
ヤ（ーグ）　ヴィル　ゴ　ネール　オ　セー

いきなりこんな会話が理解できるわけありません。「何これ？」と思われたことでしょう。でも大丈夫です。この本を最後まで読めば、すべて理解できるようになります。ここではスウェーデン語を「大まかに感じ取ってもらう」のが目的です。アルファベットとカタカナを読み比べて、言葉の響きや会話の流れをざっと把握してください。本書では、初めのうちはこんな風に会話を進めて、その中からビギナーに必要な単語や用法を抜粋、*印をつけて解説していきます。

Stadspromenad på svenska

#01
STADSHUSET

Stockholm

また、原語の発音に対応するカタカナ表記の中には、カッコでくくったものがあります。これは発音してもしなくても通用するからです。正式には小さく弱くでも発音するのですが、わたしたちの耳には届きません。実践的な会話に則してカットすることにします。

> ***Jag** ヤ（ーグ）=「わたし」
> 「ヤーグ」と読みますが、話し言葉では「ヤ」と短く発音することが多い。ときに「ヤー」とも聞こえますが、「ヤーグ」と発音するのは「わたし」を強調したいとき。たとえば「それは、わたしです」は、スウェーデン語で **Det är jag.**（デ　エー　ヤーグ）になりますが、こういうときは「ヤーグ」と、はっきり発音します。ことさら強調する必要がないときは「ヤ」で通すことにします。

わたしは日本人（女性）です。
Jag är japanska.
ヤ　エー　ヤパンスカ

（男性は japan（ヤーパン）になります）
わたしは日本人（男性）です。
Jag är japan.
ヤ　エー　ヤーパン

ついでに人称をまとめてしまいましょう。

Vi	ヴィ	「わたしたち」
Du	ドゥ	「あなた」
Ni	ニィ	「あなたたち、あなた」
Han	ハン	「彼」
Hon	ホン	「彼女」
De	ドム	「彼ら」

Stadspromenad på svenska

わたしたちは日本人です。
Vi är japaner.
ヴィ エー ヤパーネル

あなた(あなたたち)は見る。
Du(Ni) ser.
ドゥ(ニィ)セー(ル)

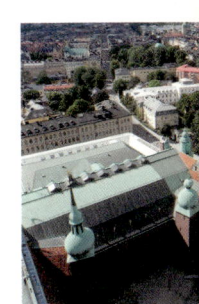

かれ(彼女)は飛ぶ。
Han(Hon) flyger.
ハン(ホン)フリューゲル

わたしたち(彼ら)は行く。
Vi(De) går.
ヴィ(ドム)ゴール

> *****vill** ヴィル=「〜したい」
>
> **vill** は、英語の want と、意思を表すときの will とほとんど同じ意味の言葉です。文法上では will と同じ助動詞です。
>
> 助動詞に導かれた動詞は、語尾が変化します。上の例文を見てチェックしてください。現在形の **ser, går, flyger** から不定形の **se, gå, flyga** に変わっています。
>
> しかし、文法用語にとらわれるのはやめましょう。「〜したい」と言いたくて vill を使うときは、動詞が語尾変化するのだということだけ意識してください。これからも基本的な動詞が出てきます。語尾変化しますが、そのままおぼえるようにしてください。
>
> また、形容詞などについても同様です。やむをえず、文法用語で説明することがありますが、読み流してくださって結構です。この本は、基本的な会話ができるようになることを主眼にしています。

#01
STADSHUSET

Stockholm

わたし（わたしたち）は見たい。
Jag(Vi) vill se.
ヤ（ヴィ）ヴィル セー

わたし（わたしたち）は行きたい。
Jag(Vi) vill gå.
ヤ（ヴィ）ヴィル ゴー

彼（彼女）は行きたい。
Han(Hon) vill gå.
ハン（ホン）ヴィル ゴー

あなた（あなたたち）は見たい。
Du(Ni) vill se.
ドゥ（ニィ）ヴィル セー

かれ（彼女）は飛びたい。
Han(Hon) vill flyga.
ハン（ホン）ヴィル フリューガ

わたしたち（彼ら）は行きたい。
Vi(De) vill gå.
ヴィ（ドム）ヴィル ゴー

Stadspromenad på svenska

#01
STADSHUSET

Japan   ヤーパン   日本

市庁舎は1923年に建てられ、北欧ロマン様式の代表建築といわれます。設計者のラグナル・オストベリは、若いころに3年間、欧州各地の建築を学び、とくにイタリア・ベネチアンゴシックの影響を強く受けました。「水の都」ベニスが、故郷ストックホルムのイメージと重なったのかもしれません。

きみはどこからきたの？
Varifrån kommer du?
ヴァリフロン　コッメル　ドゥ

日本よ。
Jag kommer från Japan.
ヤ　コッメル　フロン　ヤーパン

名前は？
Vad* heter* du?
ヴァ　ヘーテル　ドゥ

ケイコ。
Jag heter Keiko.
ヤ　ヘーテル　ケイコ

あなたには名前があるの？
Har* du något namn?
ハー　ドゥ　ノ（ーゴ）ット　ナム

ぼくにはないよ。
Jag har inget namn.
ヤ　ハー　インゲッ（ツ）ナム

カモメはカモメさ。
En* mås är en mås.
エン　モース　エー　エン　モース

ご機嫌いかが？
Hur mår* du?
ヒュー（ル）モー（ル）ドゥ

ありがとう。いいですよ。
Tack*! Jag mår bra.
タック　ヤ　モー（ル）ブラー

Stadspromenad på svenska

#01
STADSHUSET

Japan

(じゃあ) あなたは?
Hur mår du(då)?
ヒュー(ル) モー(ル) ドゥ(ドォ)

ええ、わたしもよ。ありがとう。
Ja, jag mår bra tack.
ヤー ヤ モー(ル) ブラー タック

あなたは何歳なの?
Hur gammal är du?
ヒュー(ル) ガンマル エー ドゥ

3歳。
Jag är tre år gammal.
ヤ エー トゥレ オール ガンマル

> *heter ~　ヘーテル=「~という名前です」
> わたしはケイコ(という名前)です、というとき、スウェーデン語では **heter** という単語を使います。英語にはない表現です。名前という単語(**namn**)もつかえますが、**heter** が一般的です。

わたしはケイコです。
Jag är Keiko.
ヤ エー ケイコ

わたしはケイコ(という名前)です。
Jag heter Keiko.
ヤ ヘーテル ケイコ

わたしの名前はケイコです。
Mitt namn är Keiko.
ミッ(ツ) ナム エー ケイコ

Stadspromenad på svenska

*vad　ヴァ（ド）=「なに？」

あなたの名前は（何ですか）？
Vad heter du?
ヴァ　ヘーテル　ドゥ

彼の名前は（何ですか）？
Vad heter han?
ヴァ　ヘーテル　ハン

彼女の名前は（何ですか）？
Vad heter hon?
ヴァ　ヘーテル　ホン

〈 モノ（の名前）を聞くときも同じです 〉

これは何ですか？
Vad är det?
ヴァ　エー　デ

これは何（という名前）ですか？
Vad heter det?
ヴァ　ヘーテル　デ

> *en　エン=「ひとつの」
> スウェーデン語には（いろいろな種類の名詞がありますが）大別して2通りの名詞があります。わかりやすく「**en**（エン）名詞」と「**ett**（エッツ）名詞」という風におぼえておいてください。たとえば「名前」は「**ett** 名詞」で、「カモメ」は「**en** 名詞」です。区別に基準はありません。慣例で、丸暗記するしかないのです。
> しかし、多いのは「**en** 名詞」のほうです。ですから、乱暴ですが、どちらか区別できないときは「**en** 名詞」を使ってしまいましょう（間違えたら、相手が直してくれることを期待して）。

Stadspromenad på svenska

#01
STADSHUSET

Japan

また、それぞれの名詞は複数形や定冠詞（英語の the に相当）によって語尾が変化します。形容詞も、それぞれの名詞によって単数、複数、定冠詞がつく場合に語尾変化します。アタマの隅に入れておいてください（これは次のガムラスタンの項で補足します）。

***har**　ハー（ル）＝「持つ」

***mår**　モー（ル）＝「感じ」
Hur mår du ?（ヒュー（ル）モー（ル）ドゥ？）は、英語の How are you ? に相当します。日常的に使われる挨拶です。

***tack**　タック＝「ありがとう」

「数字」

0	noll	ノル
1	en	エン
2	två	ツヴォ
3	tre	トゥレ
4	fyra	フィーラ
5	fem	フェム
6	sex	セックス
7	sju	フュー（シュー）
8	åtta	オッタ
9	nio	ニィエ
10	tio	ティエ

Stadspromenad på svenska

11	elva	エルヴァ
12	tolv	トルヴ
13	tretton	トレットン
14	fjorton	フョートン
15	femton	フェムトン
16	sexton	セックストン
17	sjutton	フットン（シュットン）
18	arton	オートン
19	nitton	ニットン
20	tjugo	フュ（シュ）ーゴ
21	tjugoen	フュ（シュ）ゴエン
22	tjugotvå	フュ（シュ）ゴツヴォ
30	trettio	トゥレッティ
31	trettioen	トゥレッティオエン
40	fyrtio	フォッティ
50	femtio	フェムティ
60	sextio	セックスティ
70	sjuttio	フッ（ショッ）ティ
80	åttio	オッティ
90	nittio	ニッティ
100	hundra	フンドゥラ
200	tvåhundra	トゥヴォフンドゥラ
1000	tusen	テューセン
1001	tusenen	テューセンエン
2000	tvåtusen	トゥヴォテューセン
1万	tiotusen	ティエテューセン
10万	hundratusen	フンドゥラテューセン
100万	miljon	ミリユォン
10億	miljard	ミリヤード
1兆	biljon	ビリユゥオン

Stadspromenad på svenska

#01
STADSHUSET

Nobel ノーベル ノーベル

市庁舎が一番のハイライトを迎えるのはノーベル賞の季節です。毎年、12月10日にノーベル賞授賞式がコンサートホールで行われ、その後、舞台は市庁舎に移ります。市庁舎のメインホール「青の間」で晩餐会が開かれるのです。晩餐の後は、場所を「黄金の間」に移して、舞踏会が開かれます。受賞者は椅子の裏に名前をサインして残すのが習わし。ディナーは毎年メニューが変わり、地下にあるレストラン「スタッツヒュース・シェッラン」で予約すれば、食べてみたい年度のメニューが用意されるということです。

ここが「青の広間」なの?
Är det här Blå Hallen?
エー デ ハー ブロー・ハッレン

うん。ここで、かれらは食事するんだ。
Ja. De äter här.
ヤー ドム エーテル ハー

「黄金の広間」はどこなの？
Var är Gyllene Salen?
ヴァール　エー　ジレーン・サーレン

2階にあるんだ。
Den är på andra våningen.
デン　エー　ポ　アンドラ　ヴォーニンゲン

まあ、ホントに金色ね。光っているわ。
Oj! Det är verkligen guld. Det glittrar.
オイ　デ　エー　ヴェルクリゲン　ギュウルド　デ　グリットラル

ここで、みんなダンスをするの？
Dansar de* här?
ダンサール　ドム　ハール

うん。ここで踊るよ。
Ja, de dansar här.
ヤー　ドム　ダンサル　ハール

きみは、ケイコ、ダンスしたい？
Vill du dansa、Keiko?
ヴィル　ドゥ　ダンサ　ケイコ

いいえ。踊りたくないわ。
Nej. Jag vill inte* dansa.
ネイ　ヤ　ヴィル　インテ　ダンサ

市庁舎の1階にあるレストラン、スタッツヒュース・シェッラン

Stadspromenad på svenska

#01
STADSHUSET

Nobel

*Dansar de ?　ダンサル　ドム？＝「彼らは（ダンス）踊りますか？」
*Dansar du ?　ダンサル　ドゥ？　＝「（あなた）踊りますか？」
質問するとき、スウェーデン語では、動詞が先にきます。「食べる？」は **Äter du?**（エーテル　ドゥ）で、「行く？」は、**Går du?**（ゴール　ドゥ）です。「食べたいですか？」と、意思を聞くときには vill を使って、**Vill du äta?**（ヴィル　ドゥ　エータ）という言い方になります。vill を使うときは、前に説明したように、動詞の語尾が変わります。おさらいしましょう。

食べたい？
Vill du äta?
ヴィル　ドゥ　エータ

行きたい？
Vill du gå?
ヴィル　ドゥ　ゴー

踊りたい？
Vill du dansa?
ヴィル　ドゥ　ダンサ

Stadspromenad på svenska

*inte　インテ=「〜でない」
inte インテは英語の not に相当します。

わたしは踊りたくない。
Jag vill inte dansa.
ヤ　ヴィル　インテ　ダンサ

わたしは行きたくない。
Jag vill inte gå.
ヤ　ヴィル　インテ　ゴー

わたしは食べたくない。
Jag vill inte äta.
ヤ　ヴィル　インテ　エータ

ノーベル賞の裏舞台
= サンレモの生花と日本の絹織物

12月10日。ノーベル賞授賞式が、この日に行われるのは、それが彼の命日に当たるからです。1896年、ノーベルは63歳のときに脳溢血で亡くなりました。そして命日であるがゆえに、賞執行の舞台が整えられているといわれます。それは具体的にはどこに表れているのでしょうか。

まずは正装と生花です。授賞式の行われるコンサートホール、受賞者と招待客は、すべて正装が義務付けられています。賞に対する礼儀という以上の決まりごとなのです。そして会場には、彩り豊かな生花がふんだんに飾られています。生花はイタリアのサンレモから、この日のために直送されてきます。サンレモはノーベルが晩年の6年間を過ごした土地だったからです。命日を迎えるために、正装と生花が必要とされるのです。

授賞式後の晩さん会では、招待客のなかに命日にふさわしい顔が並びます。コンサートホールから市庁舎へ場所を移して、ここには1288人が招待されます。招待客の大半は関係者ですが、このうち250席は応募者の中から選ばれた学生のために用意されています。ノーベルは生涯独身だったため、250名の学生は、いわば彼の遺族のような形で晩さん会に出席するのです。

また晩さん会では学生が各種の旗を掲揚します。中で目を引くのは、スウェーデン王立工科大学自治会の学生自治会旗です。1×2メートル大の黄金糸で「平和的な行為」という刺繍の入った歴史ある旗ですが、旗の絹生地と房は、じつは2007年に日本で復刻されたものです。晩さん会には、日本の伝統技術が華を添え、ノーベルの命日に祈りをささげている、と考えてよいかもしれません。

市庁舎のタワー予約情報
=ガムラスタンがよく見える

市庁舎 (Stadshuset) の人気は、117 メートルの高さを誇るタワー・ツアー。塔の最上階からの眺めは抜群です。鐘楼の下に 10 畳ほどの開放展望台があり、ストックホルム市の東西南北をぐるりと見回せます。市内一の鳥瞰が楽しめるスポットです。現在は人数制限のある予約制になっていて、当日のスケジュール表から空いている時間を選ぶシステムに変わりました。もし、ストックホルム訪問が夏なら、午後 2 時過ぎからの予約をお勧めします。

タワーからの、いちばんの眺めはガムラスタン (Gamlastan) です。ガムラスタンは塔の東側にあるので、午後から陽光を浴びることになります。午前中では逆光になって、それはそれで魅力的ですが、よく見えるのは午後。二度手間にはなりますが、早めに予約して、ほかを回ってからタワーに上がる、というスケジュールを考えてください。

… #02

GAMLA STAN
ガムラスタン

旧市街

Stadspromenad på svenska

#02
GAMLA STAN

Gamla Stan ガムラスタン 旧市街

ここはガムラスタン。空から見ているんだ。
Här är Gamla Stan uppifrån.
ハー　エー　ガムラスタン　ウッピィフロン

とても美しいわ。
Det är så vackert*.
デ　エー　ソー　ヴァッケッツ

ストックホルムでいちばん魅力的なところだと思うな。
Jag tycker att det här* stället är, det attraktivaste i Stockholm.
ヤー　テュッケル　アッツ　デハー　ステレッツ　エー　デ　アトラクテーヴァステ　イ　ストックホルム

どこが魅力的なの？
Vad är (det som är) så attraktivt?
ヴァ　エー　（デ　ソム　エー）ソー　アトラクティーヴツ

Stadspromenad på svenska

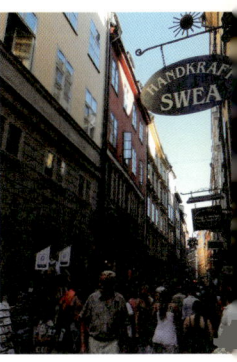

むかしのね。街並みが残っているんです。
Det är kvar många gamla hus där.
デ エー クヴォール モンガ ガムラ ヒュース ダール

むかしって？ どのくらい？
Hur gamla är dem?
ヒュー ガムラ エー ドム

13 世紀くらいから。
Från 1300 -talet
フロン トレットンフンドラ ターレット

だから、ガムラスタン（旧市街）っていうんですよ。
Därför kallas den Gamla Stan.
ダルフォー カッラス デン ガムラスタン

ガムラスタンは、英語でオールド・タウンになります。カモメのモースが言ったように、文字通り古い町「旧市街」です。ストックホルム発祥の地で、残存する最古の壁は 13 世紀のものといわれます。王宮や教会、議事堂を囲んで 17 世紀の街並みが残り、すり減って丸みを帯びた狭い石畳の道を歩くと、中世の街をさまよう感覚に襲われます。歴史的な建物や点在する広場には、多くのショップやレストランが軒を並べ、当時の雰囲気の中で豊かなときを過ごすことができるでしょう。

Stadspromenad på svenska

#02
GAMLA STAN

Gamla Stan

> *vacker ヴァッケル=「美しい」
> 「美しい」のも変わってしまいます。醜くなるのではなく、語尾が変化するのです。
> ヴァッケルは、英語 beautiful に相当する形容詞ですが、スウェーデン語では、形容詞も主語や単数、複数によって、語尾が変化するのです。ほとんどの形容詞が同じ宿命を背負っています。
> 単数の場合は、前に話した「**ett**(エッツ)名詞」と「**en**(エン)名詞」によって、**vacker**(ヴァッケル)と**vackert**(ヴァッケッツ)を使い分けるのです。つまり「それは美しい」にも、2通りの言い方があります。
> **Det är vackert.**(デ エー ヴァッケッツ)
> **Den är vacker.**(デン エー ヴァッケル)
>
> しかし救いもあります。複数形は、いずれも同じ。**vackra** になるのです。

彼女は美しい。
Hon är vacker.
ホン エー ヴァッケル

彼は美しい。
Han är vacker.
ハン エー ヴァッケル

彼ら(彼女ら、それら)は美しい。
De är vackra.
ドム エー ヴァックラ

あなたは美しい。
Du är vacker.
ドゥ エー ヴァッケル

Stadspromenad på svenska

*__det här ~__ 　デ　ハー＝「この~」
*__den här ~__ 　デン　ハー＝「この~」

特定のモノを指すとき、つまり定冠詞も変化します。ここでも「**ett**（エッツ）名詞」と「**en**（エン）名詞」によって使い分けます。「**ett** 名詞」は **det** が、「**en** 名詞」は **den** が定冠詞になります。

会話では、だいたい特定のモノについて話をします。つまり定冠詞つきを使うのが普通です。そのため以下の例文は、すべて定冠詞つきを使用します。「**en** 名詞」「**ett** 名詞」を意識して読み比べてください。

この人形は美しい。
Den här dockan är vacker.
デンハー　ドッカン　エー　ヴァッケル

このグラスは美しい。
Det här glaset är vackert.
デハー　グラーセッ（ツ）エー　ヴァッケッツ

この家は美しい。
Det här huset är vackert.
デハー　ヒューセッツ　エー　ヴァッケッツ

このホテルは美しい。
Det här hotellet är vackert.
デハー　ホテッレッツ　エー　ヴァッケッツ

この景色は美しい。
Den här utsikten är vacker.
デンハー　ウーツシクテン　エー　ヴァッケル

Stadspromenad på svenska

#02
GAMLA STAN

Gamla Stan

この公園は美しい。
Den här parken är vacker.
デンハー　パルケン　エー　ヴァッケル

この花は美しい。
Den här blomman är vacker.
デンハー　ブロンマン　エー　ヴァッケル

この絵は美しい。
Den här tavlan är vacker.
デンハー　ターヴラン　エー　ヴァッケル

このクルマは美しい。
Den här bilen är vacker.
デンハー　ビーレン　エー　ヴァッケル

この洋服（ドレス）は美しい。
Den här klänningen är vacker.
デンハー　クレニンゲン　エー　ヴァッケル

このカモメは美しい。
Den här måsen är vacker.
デンハー　モーセン　エー　ヴァッケル

Stadspromenad på svenska

Stadspromenad på svenska

三島由紀夫が愛したディスコ
=ガムラスタンのサイケデリック

「こりゃあ、素晴らしいところですね、龍円先生。実に面白い」
三島由紀夫が、龍円恵喜二教授(現帝京大学名誉教授)に驚嘆の声をあげました。1960年代末のことです。三島がスウェーデンを訪れたとき、ウプサラ大学の龍円教授が、ストックホルムのディスコテークへ案内したのです。それがガムラスタンの「ボバディラ」でした。17世紀に建てられ、貯蔵庫として使われた地下室が、20世紀になって大変身。ドーム状の石造りの壁は、ビートルズが演奏したキャバーンというリバプールのクラブに似て、しかし原色の蛍光塗料が塗りたくられ、サイケデリック(幻覚的)な仕様に一変。地下のディスコは、怪しげな深海のイメージを抱かせ、金髪を振り乱して踊る若者たちが、人魚のように映る。それが三島由紀夫を興奮させたのです。龍円先生から直接聞いた話ですから、間違いありません。世に出る前の、若き日の五木寛之が通ったという話もあります。

いま「ボバディラ」はありません。不定期にジャズの生演奏などを聴かせる場所に変わりました。しかし、表の扉は昔の面影を残します。建物と石畳の道は、いまも同じです。「ボバディラ」は、ガムラスタンで有名な、狭い階段を上りきったあたりにありました。三島が気に入って通った、そのころの雰囲気を味わうことはできるでしょう。

「花」と「鼻」の怪
＝スウェーデン人が教える日本語の発音

キミは日本人だな。

ＯＫ。では、ここに書いてある、２つのコトバを発音してみてくれないか。

「花」と「鼻」だ。そう、ひとつずつ、ゆっくりと発音して聞かせてほしい。

違う？　まったく違う発音なのですか？　何だって？　イントネーションが微妙に違うんだって？

もう一度、聞かせてくれないか。なるほど、違うようだね。まあ、日本人のキミが言うんだから正しいのだろうな。

では、これはどうだろう。

「花」と「鼻」のまえに、「この」をつけて発音してみてくれないか。

そう、「この花」と「この鼻」だ。どうだろう。やはり違うだろうか？　ゆっくり、発音してみてくれ。違う発音に、いや、イントネーションに微妙な違いがあるのだろうか？

あれ？　同じ発音に聞こえるぜ。イントネーションも、違わないようだ。

え、待ってくれって？　キミはさっき、「花」と「鼻」は違う、と自信たっぷり、ぼくを笑ったじゃないか。スウェーデン人には、日本語の微妙な違いがわからないだろな、なんて顔してさ。

フフ、何度、発音しても同じですよ。「この」がつくと、「花」と「鼻」は同じ発音になる。イントネーションも変わらない。

ぼくはストックホルム大学で日本語を勉強しているんだ。で、かわいい日本人を見つけると、こんな質問をしたくなる。人を困らせるのが好きな、いやな性格のスウェーデン人なのです。

#02
GAMLA STAN

Kungliga Slottet　クングリガ・スロッテッツ　王宮

王宮へ行ってみよう。
Vi ska* gå till Kungliga Slottet.
ヴィ　スカ　ゴー　ティル　クングリガ・スロッテッツ

王様はここに住んでいるの？
Bor* kungen här?
ボール　クンゲン　ハー（ル）

いいや。彼は住んでいないよ。
Nej, han bor inte här.
ネイ　ハン　ボール　インテ　ハー

王宮はいつ建てられたの？
När* byggdes slottet?
ナー（ル）　ビュグデス　スロッテッツ

Stadspromenad på svenska

13世紀。最初は砦だったんだ。
På trettonhundra-talet. Det var ett fort i början.
ポ　トレットンフンドラ・ターレッ　デ　ヴァー　エッツ　フォッツ　イ　ボリィアン

> *när　ナール＝「いつ」「〜するとき」
> när ナールは英語の when に相当します。
> 会話で使うときは、アールが消えて「ナー」と聞こえます。

(あなたは)いつ行くのですか？
När går du?
ナー（ル）　ゴール　ドゥ

(あなたは)いつ食べるのですか？
När äter du?
ナー（ル）エーテル　ドゥ

Stadspromenad på svenska

#02
GAMLA STAN

Kungliga Slottet

〈 ナールが出たので、過去と未来を表す言葉を紹介します 〉

いま
nu
ヌゥ

後で
efter / sedan
エフテル　セーダン（セン）

昨日
igår
イゴール

今日
idag
イダーグ

明日
imorgon
イモーロン

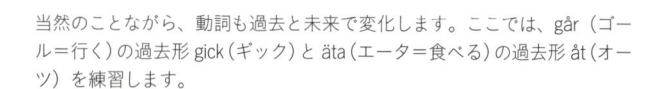

当然のことながら、動詞も過去と未来で変化します。ここでは、går（ゴール＝行く）の過去形 gick（ギック）と äta（エータ＝食べる）の過去形 åt（オーツ）を練習します。

（あなたは）いつ行ったの？
När gick du?
ナー（ル）ギック　ドゥ

昨日、行ったよ。
Jag gick igår.
ヤ　ギック　イゴール

Stadspromenad på svenska

いつ、食べたの？
När åt du?
ナー（ル）オーツ ドゥ

昨日だったよ。
Jag åt igår.
ヤ オーツ イゴール

> *bor ボール＝「住む」
>
> **Bor kungen här?**
> 「王様はここに住んでいるの？」
> 質問の仕方については、前に２通りの言い方を紹介しました。ひとつは、現在形が最初に来る形 **Går du? Äter du?** という聞き方。もうひとつは、**Vill du gå? Vill du äta?** で、これらはすでに紹介しました。
> もうひとつは*ska(スカ)という助動詞を使う形です。**ska** は、英語の「shall」や「will」に相当して「～するつもりです」「～するでしょう」という意味です。

（あなたは）いつ、行くの？
När ska du gå?
ナー（ル）スカ ドゥ ゴー

明日、行くつもりですよ。
Jag ska gå imorgon.
ヤ スカ ゴー イモーロン

いつ、食べるの？
När ska du äta?
ナー（ル）スカ ドゥ エータ

いま、食べるよ。
Jag ska äta nu*.
ヤ スカ エータ ヌゥ

*いま (nu) でも、食べるつもりです、という意思を表すために **ska** を使います。

#02
GAMLA STAN

Stortorget   ストールトリエッツ   大広場
Storkyrkan   ストールシルカン   大教会

ノーベル博物館

大広場に面してノーベル博物館があります。ノーベル博物館を背にして立つと、正面に不気味な彫刻で飾られた噴水が見えます。この大広場と噴水には、残酷な歴史が刻まれているのです。1520年のことでした。スウェーデンはデンマーク人に侵攻され敗退、この広場で100人近くの貴族らが断頭刑に処されたのです。広場はおびただしい鮮血で染められ、後年「ストックホルムの血浴」と呼ばれる歴史を残したのです。しかし流血の広場も、いまは観光スポットに様変わり。クリスマスのシーズンには、中央に大きなツリーが立てられ、周囲は飾り付けのローソクや人形などを売る屋台で埋め尽くされ、冬のビッグページェントの舞台に大変身、人々の心を和ませています。

ここは、なんていうところ？
Vad heter den här platsen*?
ヴァ　ヘーテル　デンハー　プラッツェン

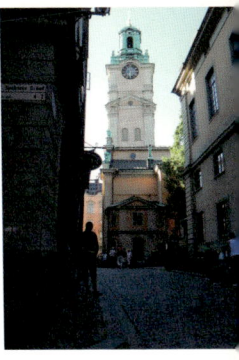

大広場というんですよ。
Det heter Stortorget.
デ　ヘーテル　ストールトルィェッツ

大広場の夜と昼の写真ですよ。
Här är foton dag* och natt* på Stortorget.
ハー　エー　フォトン　ダーグ　オ　ナッツ　ポ　ストールトルィェッツ

> *platsen　プラッツェン＝「(その) 場所」
> **dag***(ダーグ)は、日にちだけでなく、昼という意味もあります。**natt***(ナッツ)は夜。

この教会はなんていうの？
Vad heter den här kyrkan?
ヴァ　ヘーテル　デンハー　シルカン

大教会というんだよ。
Den heter Storkyrkan.
デン　ヘーテル　ストール・シルカン

ストックホルムで、いちばん古い建物だ。
Det är det äldsta* huset i Stockholm.
デ (ッツ) エー　デ　エルスタ　ヒューセッツ　イ　ストックホルム

1279年だったよ。
Det var* år tolvhundrasjuttionio.
デ　ヴァー　オール　トゥルヴフンドラ・フッティニィエ

***äldsta**　エルスタ＝「最も古い」
***var**　ヴァー＝「〜だった」
är の過去形です。

Stadspromenad på svenska

#02
GAMLA STAN

Tyska kyrkan テュスカシルカン ドイツ教会

ここはドイツ教会だ。
Här är Tyska kyrkan.
ハー エー ティスカシルカン

中に入ってみよう。
Vi går in.
ヴィ ゴール イン

44 Stadspromenad på svenska

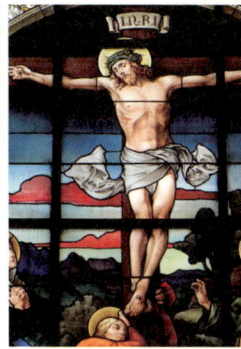

まあ、きれい。
Oj, vad vackert!
オイ　ヴァ　ヴァッケッ

きみは神様を信じている？
Tror* du på Gud?
トゥロール　ドゥ　ポ　ギュウド

わからないわ。
Jag* vet* inte.
ヤ　ヴィエテ　インテ

あなた、それ、おかしいと思う？
Tycker* du att* det är konstigt?
テュッケル　ドゥ　アッ　デ　エー　コンスティッツ

いいや。そうは思わないよ。
Nej, det tycker jag inte.
ネィ　デ　テュッケ　ヤ　インテ

*tror　トゥロール＝「思う」「信じる」

*tycker　テュッケル＝「思う」「考える」
tror と tycker は、ともに日本語では「思う」ときに使える言葉ですが、正確にはこんな違いがあります。
Jag tror det.（ヤ　トゥロー　デ）は、「そうだと（信じて）思う」
Jag tycker det.（ヤ　テュッケ　デ）は、「そうだと（考えて）思う」
また「信じている」わけではなく、思案するときの「思う」にも tror は使われます。たとえば、相手が不倫しているのではないか、強く疑うほどではなく、やや不安に思うというときには tror を。対して相手が不倫していると、考えられるときには tycker を使います。後に例文で、さらに比較します。

Stadspromenad på svenska

#02
GAMLA STAN

Tyska kyrkan

*vet(a)　ヴィエテ（ヴェータ）＝「知っている」

*att
もうひとつ発音の問題を。文中に多用された **att** です。ここで使う att は、英語の that に相当します。「アッツ」と発音表記しますが、tt は基本的には子音の「t」で、短く「トゥ」と発音するのだと意識してください。また後に続く単語や、強調したいかどうかによって、「アッ」とも「オ」とも発音します。**att jag** と連続するときには「アッツ　ヤー」より「アッチャー」「アッチャ」と聞こえます。同じように、上の例文で **tycker jag**（テユッケル　ヤーグ）＝「わたしは思う」はテユッケヤーと聞こえるので、そちらをカタカナ表記しました。

*jag min mig
英語では主語の「あなた」も目的語の「あなたを」も同じ you ですが、スウェーデン語では「あなたを」は **dig** に変わります。「〜の」という所有格の変化も合わせて紹介します。

	主格	所有格	目的格
わたし	Jag ヤ	min ミン	mig メイ
あなた	Du ドゥ	din ディン	dig デイ
彼	Han ハン	hans ハンス	honom ホンノム
彼女	Hon ホン	hennes ヘンネス	henne ヘンネ
彼ら	De ドム	deras デ(ー)ラス	de ドム

***älskar** エルスカ（ル）＝「愛している」

わたし、彼はわたしを愛していると信じているわ。
Jag tror att han älskar* mig.
ヤ　トゥロール　アッツ　ハン　エルスカ（ル）メイ

わたし、彼を愛していると思う。
Jag tror att jag älskar honom.
ヤ　トゥロール　アッチャ　エルスカ　ホンノム

わたし、あなたを愛していないと思う。
（あなたを愛しているとは思わない）
Jag tror inte att jag älskar dig.
ヤ　トゥロール　インテ　アッチャ　エルスカ　デイ
(注・ここでは「思う」という気持ちを強く言うために、トゥロールと「ル」を入れて発音します)

「思う」とかどうかではなく、ストレートに I love you と言ってみましょう。

わたし、あなたを愛しています。
Jag älskar dig.
ヤー　エルスカ（ル）　デイ

わたし、あなたを愛していないわ。
Jag älskar dig inte.
ヤー　エルスカ　デイ　インテ
(注・ヤーと、音引きの「ー」を入れたのは「わたし」の意思を強調するからです)

Stadspromenad på svenska

#02
GAMLA STAN

Tyska kyrkan

〈 洋服や料理などについて 〉

あなた、それ、いいと思う（考える）？
Tycker du att det är bra?
テュッケル ドゥ アッ デ エ ブラー

わたし、それ、いいと思う（考える）わ。
Jag tycker att det är bra.
ヤ テュッケ アッツ デ エ ブラー

あなた、それ、いいと思わ（考え）ないの？
Tycker du inte att det är bra?
テュッケル ドゥ インテ アッツ デ エー ブラー

それ、いいと思わ（考え）ない。
Jag tycker inte det är bra.
ヤ テュッケル インテ デ エ ブラー

Stadspromenad på svenska

#02
GAMLA STAN

Riddarholmen リッダーホルメン　リッダーホルメン

リッダーホルメン (Riddarholmen) には、王室の菩提寺・リッダーホルム教会 (RiddarholmsKyrkan) があります。1310 年に建てられたフランシスコ会修道院を、グスタヴ2世アドルフ王が 17 世紀半ば、菩提寺にしたのです。二度の火災に遭い、1846 年に再建されました。
教会から、なだらかな石畳の坂を下りると、メーラレン湖をはさんで、市庁舎が優雅な姿を見せてくれます。楽器を抱え、右手を広げている彫像は、エバ・トーベ (Evert Taube) の記念碑です。1930 年代から 1970 年代初頭にかけて、国民に愛されたシンガーソングライターでした。「パパ、帰ってきて。夏が終わる前にね」というような温かみのある歌詞を、アコーディオンにのせて、明るく楽しく弾き語りしたのです。ガムラスタンにある「Järntorget」(ヤーントリエッ＝鉄広場) には、等身大の銅像が建っています。

市庁舎から見たリッダーホルメン　　　　　　エヴァ・トーベ像

ここからの市庁舎が、いちばんきれいだと思うわ。
Jag tycker att Stadshuset ser vackrast ut härifrån.
ヤ　テュッケル　アッツ　スタッツヒューセット　セー（ル）　ヴァックラスツ　ユッツ　ハリフロン

夜だから、そう思うのかな？
Därför att det är på kväll, tror du?
ダルフォアッ　デ　エー　ポ　クヴェル　トゥロール　ドゥ
Är det för att det är kuäll.
エー　デ　フォー　アッシ　デ　エー　クヴェル

あなたはロマンチストだと思う？
Tycker du att du är romantisk?
テュッケル　ドゥ　アッツ　ドゥ　エー　ロマーンティスク

いいえ。違うと思うわ。
*****Nej, det tycker jag inte.**
ネイ　デ　テュッケル　ヤ　インテ

> ***nej** ネィ（ネーイ、ネイ）＝「いいえ」
> ついでに倒置法の説明をします。英語にない表現法で、上の例文も、そのひとつです。
>
> ***Nej, det tror jag inte.** ネイ、デ　トゥロー　ヤ　インテ
> 　　　　　　　　　　　　　　　＝「いいえ、そうは思わない」
> これを、そのまま英語に直すと、No, it think I not です。妙な表現ですが、これがスウェーデン流の倒置法なのです。普通の語順では **Jag tror inte.**（ヤ　トゥロール　インテ）（I think not）ですが、より強調したい時に **Det** を文頭に持ってきて、主語と動詞を倒置、つまりひっくり返して **Det tror jag inte.**（デ　トゥロール　ヤ　インテ）と言うのです。肯定文は、**Jag tror det.** が **Det tror jag.**（デ　トゥロール　ヤー）になります。日常的に、よく使われるのは、以下の３つの会話です。文法的に解釈するより、このままおぼえてしまいましょう。

そう思う（信じる）わ。

Stadspromenad på svenska

#02
GAMLA STAN
Riddarholmen

Det tror jag.
デ トゥロー ヤ

そう思う（考える）わ。
Det tycker jag.
デ テュッケ ヤ

（それは）知っているわ。
Det vet jag.
デ ヴェチャー

（それは）知らないわ。
Det vet jag inte.
デ ヴェチャ インテ

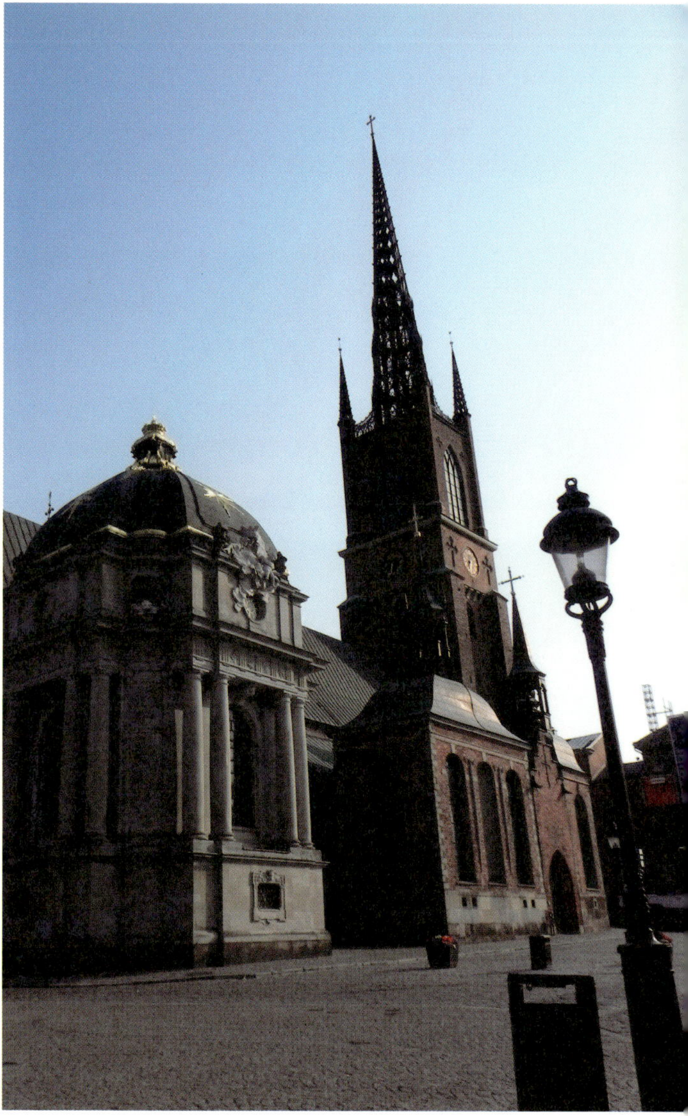

#02
GAMLA STAN

Kafe　カフェー　カフェ

疲れた？
Är du trött?
エー　ドゥ　トゥレッツ

ええ。すこしね。
Ja, lite*.
ヤー　リーテ

疲れてない？
Är du inte trött?
エー　ドゥ　インテ　トゥレッツ

かなり、疲れたわ。
Jo*, mycket*.
ヨー　ミュッケ

Stadspromenad på svenska

休もうか？
Ska vi ta rast?
スカ ヴィ タ ラスツ

お茶でも飲もうか？
Ska vi fika*?
スカ ヴィ フィーカ

いいわね。
Ja, gärna*.
ヤー ヤーナ

*gärna は「喜んで」という意味です。

*lite
リーテと mycket ミュッケは、量的な多少を表すときに使います。

彼はたくさん食べます。
Han äter mycket.
ハン エーテル ミュッケ

わたしはちょっとしか食べません。
Jag äter lite.
ヤ エーテル リーテ

彼はとても飲みます。
Han dricker mycket.
ハン ドリッケル ミュッケ

わたしは、ちょっとしか飲みません。
Jag dricker lite.
ヤ ドリッケル リーテ

Stadspromenad på svenska

#02
GAMLA STAN

Kafe

数の多少を言うときには、**många** モンガと **få** フォを使います。

(わたしは) たくさんのキャラメル * がほしい。
Jag vill ha många kolor*.
ヤ ヴィル ハ モンガ コーラル

(わたしは) 友だち * が少ない。
Jag har få vänner*.
ヤ ハー フォ ヴェンネル

> ***Jo** ヨー=「はい」
> 否定疑問「~じゃないですか?」と聞かれて「はい」と言うときには **Jo**(ヨー)を使います。普通疑問の「~ですか?」には **Ja**(ヤー)で答えます。
>
> ***fika**
> 「お茶を飲む」と言うときは **fika**(フィーカ)を使います。スウェーデンでは、コーヒーと一緒に甘いクッキーやケーキを食べるのが一般的です。たんに「コーヒーが欲しい?」と聞くときは **Vill du ha kaffe?**(ヴィル ドゥ ハ カフェ?)と言いますが、ちょっと休んでコーヒーとケーキでも、と言うときは **fika**(フィーカ)を使います。

何にしますか?
Vad ska ni ha?
ヴァ スカ ニ ハ

コーヒーをください。
Kan jag få *en (kopp) kaffe?
カン ヤ フォ エン (コップ) カフェ

それと、ケーキ * を。
Och, en bit tårta*.
オック エン ビーシ トータ *

Stadspromenad på svenska

ぼくはビールをもらおうかな？
Kan jag få ett（glas）öl ?
カン　ヤ　フォ　エッツ（グラス）エール

>*Kan jag få ～？ カン　ヤ　フォ～？＝「～をもらえますか？」
>kanは英語のcanとmayをあわせもつ言葉です。「～をください」と注文するときは、**Kan jag få?** と聞きます。fåは「～を許してもらう」というニュアンスです。kaffe「コーヒー」は「en名詞」のkopp（コップ）「コップ」を使うので、**en kopp kaffe**に、öl（エール）「ビール」は「ett名詞」のglas「グラス」を使うので、**ett öl**（エッ（ツ）エール）と使い分けるのが正式な言い方です。しかし普通には**Kan jag få en kaffe?**（カン　ヤ　フォ　エン　カフェ？）**Kan jag få en öl?**（カン　ヤ　フォ　エン　エール？）と言うだけでも通用します。
>（注・この場合**ett öl**でなく、**en öl**となるのは、**glas**を使わないからです。面倒でも丸覚えしましょう。前に説明しました。ett名詞よりen名詞のほうが多いので、わからないときは何でもen名詞と勧めたのは、こういうことがあるからです）
>あるいは友だち同士、若者たちは、もっと気やすく**Får jag kaffe?**（フォー　ヤ　カフェ？）**Får jag öl?**（フォー　ヤ　エール？）で済ませます。外国人にも許される言い方でしょう。

紅茶	te	テー
ジュース	jos	ヨース
ワイン	vin	ヴィン
赤ワイン	rött vin	レッツヴィン
	rödvin	レードヴィン
白ワイン	vitt vin	ヴィッツヴィン
炭酸入りジュース	läsk	レスク

Stadspromenad på svenska

#02
GAMLA STAN

Souvenir　スーヴェニーア　おみやげ

ガムラスタンには、たくさんお店*があるよ。
Det finns* många affärer* i GamlaStan.
デ　フィンス　モンガ　アファーレル*　イ　ガムラスタン

おみやげ*屋さんはある？
Finns det souvenir* butiker?
フィンス　デ　スーヴェニーア*　ブティーケル

うん、たくさん（そこには）ありますよ。
Ja, det finns många där.
ヤー　デ　フィンス　モンガ　ダール

（そこに）連れて行って。
Kan du ta mig dit*?
カン　ドゥ　タ　メイ　ディーツ

*det finns　デ　フィンス〜=「〜があります」
「〜があります」は、Det finns 〜です。「ありますか」は　Finns det 〜？になります。

*dit
(デーツ)は「そこに」と訳します。「〜に向かう」というときに使います。där(ダール) =「あそこ」に「向かって行く場所」が dit (ディーツ) です。Gå dit！(ゴ　ディーツ) =「あそこへ行け！」
hit (ヒィーツ) は「ここに」と訳します。här (ハール) =「ここ」に「向かって来る場所」が hit (ヒーツ) です。Kom hit！(コム　ヒーツ) =「ここに来い！」
例文で示します。

あそこにガラス製品*があるよ。
Det finns glassaker* där.
デ　フィンス　グラースサーケル*　ダール

わたし、そこに行きたいわ。
Jag vill gå dit.
ヤ　ヴィル　ゴ　ディーツ

ここに人形があるよ。
Det finns en docka här.
デ　フィンス　エン　ドッカ　ハール

あなた、ここに来られる？
Kan du komma hit?
カン　ドゥ　コッマ　ヒーツ

Stadspromenad på svenska

59

#02
GAMLA STAN

Souvenir

とてもきれいな色ね。
Vilken fin färg!*
ヴィルケン フィン ファリ

それに、きれいな形。
Och så fin form!
オ ソ フィン フォルム

*Vilken fin ～!
感激した時には「ヴィルケン　フィン！」と叫ぶのだと、おぼえてください。fin（フィン）は英語のfineです。ett 名詞では vilket（ヴィルケッツ）複数形では vilka（ヴィルカ）と使い分けます。

*färg　ファリ＝「カラー（色）」

青	blå	ブロー
黄色	gul	ギュール
緑	grön	グリューン
金色	guld	ギュールド
銀色	silver	シルヴェル
黒	svart	スワッツ
ピンク	rosa	ローサ
灰色	grå	グロー
茶色	brun	ブルン

Stadspromenad på svenska

この人形はいくらですか？
Hur mycket kostar* den här dockan?
ヒュー（ル）　ミュッケ　コスタ（ル）　デンハー　ドッカン

1000 クローネです。
Den kostar ett tusen kronor.
デン　コスタ（ル）　エッ（ツ）　チュウセン　クローノル

高いですね。
Den är dyr*.
デン　エー　デュール

この小さいほうのはいくらですか？
Hur mycket kostar den här lilla?
ヒュー（ル）　ミュッケ　コスタ（ル）　デンハー　リッラ

そちらは 99 クローネです。
Den kostar nittionio kronor.
デン　コスタ（ル）　ニッティニィエ　クローノル

それは安いですね。
Den är billig*.
デン　エー　ビッリグ

それをもらいます。
Jag tar den.
ヤ　ター（ル）　デン

それを買います。
Jag köper* den.
ヤ　シェーペル　デン

Stadspromenad på svenska

#02
GAMLA STAN

Souvenir

*köpa シェーパ=「買う」

*Hur mycket kostar det?
「いくらですか？」は「ヒュー(ル) ミュッケ コスタ(ル) デ?」と言います。しかし、品物を指さして「ヒュー(ル) ミュッケ？」と聞いても通用します。英語の「How much ?」ですね。

*dyr と billig
高いは「**dyr**（デュール）= **en** 名詞」
ett名詞のモノが高いときは**dyrt**(デューツ)。複数のモノの場合は**dyra**(デューラ)。形容詞は、名詞や単数、複数によって変化しますが、ツーリストならすべて**dyr**(デュール)で通してもいいと思います。ウソも方便風に言うなら、**dyr**を（デュー）と発音してすべてに通用させる手もありかと思います。
「安い」も、それぞれ**billig**（ビッリグ）**billigt**（ビッリクツ）**billiga**（ビッリガ）と変化しますが、旅行者は「ビッリ」と発音して、すべて押し通す手もありでしょう。

みやげ店前の道路を挟んで、一対のサンタ人形が飾ってありました

Stadspromenad på svenska

#02
GAMLA STAN

Tatuering (Tatoo) タトゥエーリング　入れ墨

これなあに？
Vad är det?
ヴァ　エー　デ

看板の人形*だよ
Det är en skyltdocka*.
デ　エー　エン　シルツドッカ*

看板人形？
Skyltdocka?
シルツドッカ

うん。アンティークの店を教えてるんだ。
Ja, den skyltar* för en antikaffär
ヤー　デン　シルタール　フォー　エン　アンティークアフェール

まあ、面白いアイデアね。
Vilken rolig* ide'!
ヴィルケン　ロウリグ　イデェ

> *skyltar
> （シルタル）は「指し示す」という意味です。**skylt**（シルツ）は名詞で、案内の看板や交通標識などに使います。

帽子*のマネキン（たち*）だよ。
Mannekänger* för mössor*.
マネケェンゲル*　フォー　メッソル*

それも、面白いわね。
De är också roliga.
ドム　エー　オクソ　ローリガ

Stadspromenad på svenska

この看板はなあに？
Vad är det för en skylt?
ヴァ エー デ フォ エン シルツ

面白そうね。
Den ser intressant* ut.
デン セー（ル） イントレサン（ツ） ユーツ

タトゥーの店だよ。
Det är en tatuerings studio (Tatoo affär).
デ エー エン タトゥエーリングス ステューディオ （タトゥーアフェール）

面白そう。
Vad spännande*!
ヴァ スペンナンデ

試してみる？
Vill du prova*?
ヴィル ドゥ プローヴァ

面白そうだけど、遠慮しておくわ。
Det låter roligt, men* jag provar inte.
デ ローテル ロウリクツ メン ヤー プローヴァル インテ

***men** は「しかし」の意味で、英語では but に相当します。

***rolig intressant spännande**
3つの「面白い」という単語が出てきました。
rolig (roligt) ＝ロウリグ
intressant ＝イントゥレサン（ツ）
spännande ＝スペンナンデ
どういう違いがあるのでしょうか。

Stadspromenad på svenska

#02
GAMLA STAN

Tatuering (Tatoo)

rolig（ローリッグ）は「面白い」「楽しい」「愉快な」です。英語では fun に近い言葉ですが、知人と会って「うれしい」「楽しい」というときにも使います。例文では、店の看板の人形が「面白い」という使い方を紹介しました。この形容詞も、単複、名詞の違いなどで語尾変化しますが、初心者の会話では「ロウリ」で通しましょう。

intressant（イントゥレサン（ツ））は英語の interesting に近い言葉です。「興味深い」「心をそそられる」「関心がもてる」という言葉です。例文では、クモの巣のような看板は、面白そうだな、何だろうかと関心を持ったわけです。人の話や意見を聞いて「面白い」と言うときにも、使われます（笑い話には **rolig**（ロウリッグ）です）。

spännande（スペンナンデ）は、英語の exciting、thrilling とほぼ同じです。例文であげたように、外国で入れ墨の店、おまけに怪しげな看板とあって、「面白そうで興奮する」と感じるのかもしれません。でも **prova***（プローヴァ）＝「試す」のは、どうでしょうか。入れ墨は世界的な流行。スウェーデンでも、ファッション感覚で入れ墨をする若者が増え、tatoo の店が多くなりましたが。

ガムラスタンではアーティストの個展を見ることがあります。ここに紹介するのはハンヌ・ヒュシケ（Hannu Hyrske）さん。フィンランドの作家で油絵、テンペラ画、銅版画、彫刻を展示していました。1969 年からフィンランド、フランス、スペインで個展を開いています。柔和な方で親切に応対、画集を購入したらサインを書き入れてくれました。

芸術家*と話すのは面白かったわ。
Det var* spännande att prata* med en artist*/konstnär.
デ　ヴァー　スペンナンデ　アッツ　プラタ　メ　エン　アティスツ*　コンスツナー（ル）

Stadspromenad på svenska

彼の絵*を見るのは面白かったよ。
Det var intressant att titta på hans tavlor*.
デ ヴァー イントレサンツ アッツ ティッタ ポ ハンス ターブロル *

(注・**spännande**（スペンナンデ＝興奮して面白い）と **intressant**（イントゥレサンツ＝興味深くて面白い）の使用例。先の tatoo の例文と比較してみましょう。

*var
var（ヴァール）は är（エー）の過去形です。
*prata
（プラタ）は「話す」「会話する」「おしゃべりする」です。「話す」には、ほかに **tala**（ターラ）と **berätta**（ベレッタ）と **snacka**（スナッカ）があります。
tala は「正式にきちんと話す」というときに、**berätta** は、「ストーリーを話す」「お話をする」感覚で使います。俗語では **snacka**（スナッカ）＝「しゃべる」があります。こちらも日常的に使われます。
英語でいえば、**prata** は talk、**tala** は speak、**berätta** は tell に近い感覚です。

彼女はスウェーデン語を話します。
Hon talar svenska.
ホン ターラ（ル）スヴェンスカ
(ちゃんと学んだので話します、という感じ)

彼女はスウェーデン語を話すのよ。
Hon pratar svenska.
ホン プラタ（ル）スヴェンスカ
(話せるんだから、という感じ)

彼女は、おとぎ話*を話しています。
Hon berättar en saga*.
ホン ベレッタ（ル）エン サーガ *
(伝えているという感覚も)

Stadspromenad på svenska

ミレニアム・タトゥーの女
＝ベストセラーの話題

スウェーデンのミステリ小説で、最大のベストセラーといわれるのが、スティーグ・ラーション (Stieg Larsson) の『ミレニアム』(Millennium) 3部作です。いずれも世界各国で翻訳され、2009年には、第一部が映画化され、日本では『ドラゴンタトゥーの女』というタイトルで公開されました。その世界中の翻訳本を集めたショーウインドーが、リッダーホルム島 (Riddarholmen) にあるのです。ガムラスタン（Gamlastan）から高速道路にかかる陸橋をリッダーホルムに渡って右折。郊外電車の線路に沿って市庁舎 (Stadshuset) へ向かう、ノーラヤーンベグスブロン（Norrajärnvägsbron）という橋の手前、(Tryckerigatan＝トリッケリーガタン＝出版通り) にある出版会社のビルの一階にあるショーウインドウ。英語、フランス語、ドイツ語、中国語などに交じって、日本語の本もディスプレーされています。

『ミレニアム』はご当地でも大人気。スルッセン (Slussen) にある、市博物館（スタッヅムュゼート＝Stadsmuseet）には、特別展示室があり、事件の起きたストックホルムの「名所めぐり地図」が販売されているほどです。ラーションは完結編を書きあげた直後の50歳に、作品の成功を見ずに心筋梗塞で死亡。それも話題を呼びました。

甘い生活 (Dolce Vita)
＝映画のタイトルがレストランに

「甘い生活」というイタリアの映画があります。フェデリコ・フェリーニ監督による1960年の作品で、主演女優がアニタ・エクバーグ (Anita Ekberg) というスウェーデン人。長い金髪を波打たせ、グラマラスな姿態を売りにして、イタリア男性の胸を焼き尽くしたと言われます。映画では、彼女がローマ・トレビの泉に飛び込み、黒いドレスで水中を歩き回るシーンが印象的でした。

その映画のタイトル「甘い生活」を、そのままレストランの名前に借用したのが、このイタリアン・レストランです。店のロゴも、酔った彼女が腕を高く上げて、トレビの泉を歩き回る姿を取り入れる熱の入れようです。

中央駅から北西へ歩いておよそ10分。クングスホルメン (Kungsholmen) 地区にあります。味は好き好きですが、ストックホルムにいながらローマの匂いを満喫できるレストランとして評判です。

ガムラスタン (Gamlastan) には「ミケランジェロ」というイタリアレストランがあります。天井にはシスティーナ礼拝堂の複製画を描き、壁には訪れた有名人の写真をはりめぐらせています。とかくクールなスウェーデン人。イタリア人の派手好みが、いっそう際立って見えるのです。

#02
GAMLA STAN

Såpbubblor   ソープブップロル　シャボン玉

夏のガムラスタンでは、ストリート・パフォーマーが人々を楽しませます。ときにはカルテットのジャズバンドが、本格的なディキシーやスウィングジャズを演奏、興に乗った見物人がダンスする、なんてシーンも見られます。きょうは大道芸人がいました。大広場でひとり、国会議事堂にかかる橋でひとり。ふたりのパフォーマンスを見物しましょうか。

彼、何をやっているの？
Vad gör* han?
ヴァ　ヨー（ル）ハン？

踊っているのかしら？
Dansar han?
ダンサル　ハン？

いいや、そうじゃない。
Nej, det gör han inte.
ネイ　デ　ヨー　ハン　インテ

Stadspromenad på svenska

彼は、ジャグラーをやっている*んだ。
Han jonglerar*.
ハン ヨングレーラル

> *gör (ヨール) は英語の do に相当します。不定形は **göra** (ヨーラ)。「~している」「~する」という意味です。日本語でも、繰り返し同じ言葉を続けて使うのは敬遠されます。ここでも dansar? と聞かれて、**gör** で答えています。gör の例文を続けます。

彼女は何をしているの？
Vad gör hon?
ヴァ ヨー(ル) ホン

手品 * しているの？
Använder* hon magi*?
アンヴェンダ(ル) ホン マギー

いいや、違うね。
Nej, det gör hon inte.
ネイ デ ヨー ホン インテ

じゃ、何しているの？
Vad gör hon då?
ヴァ ヨール ホン ドォ

彼女、シャボン玉 * 飛ばしてるんだ。
Hon blåser* såpbubblor*.
ホン ブローサル ソープブップロル

あら、(ほんとだ)そうだわ。
Ja, det gör* hon.
ヤー デ ヨー ホン

Stadspromenad på svenska

#02
GAMLA STAN

Såpbubblor

***använda**　アンヴェンダ=「使う」

***blåser**　ブローサル=「吹く」「風が吹く」

***gör**
もう一度、**gör** の使い方を。しつこいようですが、使用頻度が高いので実践的な例文を続けます。合わせて、先に学習した倒置法（**Det** を文頭にして、主語と述語が入れ替わる）のおさらいもしてみましょう。

(あなた) 行くの？
Ska du gå?
スカ ドゥ ゴー

うん。行くよ。
Ja, det ska jag göra.
ヤー デ スカ ヤ ヨーラ
(Ja, jag ska gå.)

(あなた) 食べる？
Ska du äta?
スカ ドゥ エータ

いや、食べないよ。
Nej, det ska jag inte göra.
ネイ デ スカ ヤ インテ ヨーラ
(Nej, jag ska inte äta.)

キミは？
Ska du äta?
スカ ドゥ エータ

あたし、食べるわよ
Ja, det ska jag göra.
ヤー デ スカ ヤ ヨーラ
(Ja, jag ska äta.)

Stadspromenad på svenska

#02
GAMLA STAN

Restaurang　レストラン　レストラン

ガムラスタンには、カフェとレストランがひしめいています。狭い路地、奥まった広場、坂の途中——どこにでも。そして、そのほとんどが17世紀の造りをいまに残したまま、中世風の北欧インテリアでゲストを迎えます。地下の店内は、岩に囲まれた穴倉か牢獄かという雰囲気。料理には歴史のスパイスがかけられているようです。

どのレストランに行こうか？
Vilken* restaurang ska vi gå till?
ヴィルケン　レストラン　スカ　ヴィ　ゴー　ティル

何を食べたい？
Vad vill du äta?
ヴァ　ヴィル　ドゥ　エータ

スウェーデン料理？
Vill du äta svensk mat*?
ヴィル　ドゥ　エータ　スヴェンスク　マート

それとも日本料理？
Eller* japansk mat?
エッレ　ヤパンスク　マート

それともイタリア料理？
Eller italiensk mat?
エッレ　イタリエンスク　マート

それともフランス料理？
Eller fransk mat?
エッレ　フランスク　マート

スウェーデン料理が食べたいわ。
Jag vill äta svensk mat.
ヤ　ヴィル　エータ　スヴェンスク　マート

*mat　マート＝「食事」

Stadspromenad på svenska

#02
GAMLA STAN

Restaurang

魚と肉どっちがいい？
Vill du ha* fisk eller* kött?
ヴィル　ドゥ　ハ　フィスク　エッレ　シェッツ

何がおススメ？
Vad rekommenderar* du?
ヴァ　レコメンデエラル*　ドゥ

魚をススメますね。
Jag rekommenderar fisk.
ヤ　レコメンデエラル　フィスク

肉をもらえるかしら。
Kan jag få* kött?
カン　ヤ　フォ　シェッツ

---

*vilken　ヴィルケン＝「どちらか」
英語の which に相当します。前に「なんてすてきな～！」と言うときに **Vilken fin ～!**（ヴィルケン　フィン～！）を学習しました。同じ vilken の別の使い方です。後に eller（エッレル）という単語が出てきますが、そこで補足説明します。

*ha（ハ）と få（フォ）
ha は「持つ」という意味ですが「欲しい」というときにも使います。få は「得る」「もらう」という意味です（カフェの項でも説明しました）。それぞれ使い方には決まりがありますが、とりあえず、「ほしいですか？」には、**Vill du ha?**（ヴィル　ドゥ　ハ）で、「もらいたい」には **Kan jag få?**（カン　ヤ　フォ）とおぼえてください。「お勘定をお願いします」は、**Kan jag få notan?**（カン　ヤ　フォ　ノータン）と言います。ていねいな言い方としては、**Kan jag få be om notan.**（カン　ヤ　フォ　ベー　オム　ノータン）があります。

Stadspromenad på svenska

*eller エッレ（ル）=「あるいは」「〜か〜のどちらか」
「あなた、XとY、どっちがいい？」というのは、**Vill du ha X eller Y?** の形です。選択肢が複数あって「どれがいいですか？」と聞くときは、**Vilken vill du ha?**（ヴィルケン　ヴィル　ドゥ　ハ？）を使います。

ワインは赤と白、どっちがいい？
Vill du ha rött eller vitt vin?
ヴィル　ドゥ　ハ　レッツ　エッレ　ヴィッツ　ヴィン？

赤がいいわ。
Jag vill ha rött vin, tack*.
ヤー　ヴィル　ハ　レッツ　ヴィン　タック

ボトルにしますか、それともグラス？
Vill du ha en flaska eller ett glas?
ヴィル　ドゥ　ハ　エン　フラスカ　エッレ　エッ（ツ）　グラース？

グラスで結構です。
Ett glas, tack.
エッ（ツ）　グラース　タック

*tack
tack（タック）は前出。「ありがとう」です。「とっても、ありがとう」というときは、**tack så mycket**（タック　ソ　ミュッケ）。**så** は英語の so に相当して、**mycket** は much です。

Stadspromenad på svenska

#02
GAMLA STAN

Restaurang

地下の階段を上がると、外はもう暗くなっていました。白夜とはいえ、ストックホルムは緯度が高くありません。午後 10 時を過ぎれば、空は透き通った群青色に染まります。気温がぐんと下がって、厚手のコートがほしくなるときもあるのです。でも今夜は、夜風が酔った頬に心地よく、メーラレン湖を渡る風は、さわやかな白樺の香りを運んで、優しくあなたの体を包みます。

ごちそうさま。
Tack för maten*.
タック　フォー　マーテン

どういたしまして。
Varsågod*.
ヴァーシグ（ッド）

少し歩きたいわ。
Jag vill gå lite.
ヤ　ヴィル　ゴー　リーテ

そうだね。そうしよう。
Ja, det kan vi göra.
ヤー　デ　カン　ヴィ　ヨーラ

　*tack för maten　タック　フォー　マーテン＝「ごちそうさま」
　直訳は「食事をありがとう」です。これは食事の後に必ず言う表現です、たとえどんなにまずくても礼儀を守りましょう。

　*varsågod　ヴァーシグ（ッド）＝「どういたしまして」「どうぞ」
　ここでは「どういたしまして」ですが、よく使われるのは「どうぞ」というときです。英語の please に相当する使われ方です。

Stadspromenad på svenska

#02
GAMLA STAN

Hotel ホテール　ホテル

朝。ホテルの外では、もう鳥のさえずりが聞こえ、木靴の音が石畳に響いています。まだ7時だというのに、日差しは高く窓から差し込んでいます。ガムラスタンのホテルで迎える朝は、おだやかに、しかし歴史のある、中世の街の息吹を感じさせてくれました。
さあ、きょうはどこへ出かけましょうか。

おはようございます。
God morgon!
グッモォロン

こんにちは。
God dag!
グッダーグ

こんばんは。
God kväll!
グックヴェル

おやすみなさい。
Sov gott!
ソーヴゴッ（ツ）

おなか、すいてる？
Är du hungrig*?
エー ドゥ フングリグ

はい。すいています。
Ja, jag är hungrig.
ヤー ヤ エー フングリグ

おなか、いっぱい？
Är du mätt*?
エ（ー）ドゥ メッツ

いいえ、いっぱいじゃないわ。
Nej, jag är inte mätt.
ネーィ ヤ エー インテ メッツ

Stadspromenad på svenska

#02
GAMLA STAN

Hotel

朝食 * を食べましょうか。
Ska vi äta frukost*.
スカ　ヴィ　エータ　フルッコスツ *

昼食 * をとりましょうか。
Ska vi ta* lunch*?
スカ　ヴィ　タ　ルンチ *

いえ、やめましょう。
Nej, det ska vi inte göra.
ネイ　デ　スカ　ヴィ　インテ　ヨーラ

夕食 * をとりましょうか？
Ska vi ha middag?
スカ　ヴィ　ハ　ミッダグ

そうね。とりましょう。
Ja, vi ska ha middag.
ヤー　ヴィ　スカ　ハ　ミッダ（グ）

*hungrig　フングリグ＝「空腹」「飢えている」

*mätt　メッツ＝「腹いっぱい」

*ta/r　タ／(ール) ＝「とる」
「食べる」は äta が普通の言い方ですが、**ta/r** (ター＝とる) でも、**ha/r** (ハー＝もつ) でも使えます。
食事だけでなく、普通に「わたし、これもらう (とる)」と言うときも、**Jag tar den.**(ヤ　ター (ル) デン) です。

Stadspromenad på svenska

さあ、行きましょう。
Nu, ska vi gå.
ヌ スカ ヴィ ゴー

行ってきます（さよなら）。
Hej då.
ヘイドォ

またね。
Vi ses*!
ヴィ セェース

> *ses
> ses は、「お互いに見る」で、「また会います」と言う意味になります。Vi ses は、英語の see you later という感じです。

Stadspromenad på svenska

ある作家の「遺書」
= Vilhelm Moberg の苦悩

スウェーデンの国民的な作家 Vilhelm Moberg（ヴィルヘルム・ムーベリ）の「遺書」の話です。

彼は 1900 年、ストックホルムの南スモーランド地方の貧困農家に生まれ、国民学校を卒業後、地方紙の記者を務め、郷土の歴史に興味をもち、小説を書くようになりました。代表作が「移民シリーズ」です。スウェーデン人がアメリカへ移民する、史実に基づいた大河歴史小説で、4 部作がいずれもベストセラーとなり映画化されました。後年は自己の内面を追求する作品「この世のときを」（山下泰文訳　北星堂書店）=「Din stund på jorden」（ディン　ストゥンド　ポ　ヨーデン）が高く評価されました。しかし 1973 年、74 歳で入水自殺します。当日、彼はこんな「遺書」を夫人に残しました。

Klockan är tjugo över sju. Jag går att söka i sjön, sömnen utan slut. Förlåt mig, jag orkade inte uthärda.
クロッカン　エー　シュゴ　エーヴェル　シー　ヤー　ゴール　アッツ　セーカ　イ　シュン　セムネン　ユータン　スルーツ　フェローツ　メイ　ヤー　オルカデ　インテ　ユーツハーダ

7 時 20 分過ぎ。わたしは湖に、終わりのない眠りを求めて行く。許してくれ。もう耐えられなくなった。

Klockan（クロッカン）=「時計」
tjugo over sju（シュゴ　エーヴェル　シュウ）=「7 時 20 分過ぎ」
går att söka（ゴール　アッツ　スェーカ）=「探しに行く」
sjön（シュン）=「湖」
sömnen（セムネン）=「眠り」
utan 〜（ユータン〜）=「〜なしで」
slut（スルーツ）=「終わり」
Förlåt mig（フェローツ　メイ）=「許してください」
orkade（オルカデ）は orka（オルカ）の過去形=「〜する力がある。〜できる」
uthärda（ユーツハーダ）=「耐え忍ぶ」

「モセバッケ」(Mosebacke)
=ストリンドベルイに乾杯

モセバッケは、セーデルマルメ地区にある地名です。この地名は、作家アウグスト・ストリンドベルイ (August Strindberg) のおかげで、有名になりました。彼が 1879 年に発表した小説「赤い部屋」(Röda rummet) は、こんな書き出しなのです。
「Det var en afton i början av maj . Den lilla trädgården på Mosebacke ……」
「デ ヴァー エン アフトン イ ボリヤン アーブ マイ。デン リラ トレゴーデン ポ モセバッケ……」
「五月初めの、ある午後のことだった。モセバッケにある、その小さな庭園は……」
モセバッケには、その名前を冠したオープン・パブ「モセバッケ」があります。小高い丘の中腹に建ち、テラスからサルトシュー (saltsjön) 湖を一望します。ドックに停泊する大型客船や観光遊覧船を眼下に、その先に遊園地グルナ・ルンド (Gröna Lund)、自然公園スカンセン (Skansen) が見渡せます。観光ガイドブックにも紹介されるパブです。
しかし、展望スペースの反対側、大きな樫の木の下に、ひっそりとストリンドベルイの胸像がたたずみ、わきのブロンズ板に「赤い部屋」の書き出しが刻まれていることは、案外、知られていません。たとえ知っていたとしても、何が書かれているか、読み解くことのできる日本人ツーリストは、ほとんどいないでしょう。ここは思い切り、挑戦です。小声でも結構、声を出してブロンズ板を読み、作家に軽く乾杯してみませんか。

Stadspromenad på svenska

#03
KONSERTHUSET
コンサールヒューセッツ

コンサートホール

Stadspromenad på svenska

… # #03
KONSERTHUSET

Konserthuset コンサールヒューセッツ　コンサートホール

コンサートホール

ストックホルム発祥の地が旧市街・ガムラスタンなら、セルゲル通りからコンサートホールにかけての一帯は、現代の中心地といえるでしょう。目抜き通りのクングスガタン（王様通り）とドロットニングガタン（女王通り）が交差するエリア。コンサートホールの前には青空市場が広がり、向かいに建つ PUB は女優グレタ・ガルボが売り子をしていたので知られるデパートです。

ここが、ストックホルムの中心地なの？
Är det här centrala* Stockholm?
エー デ ハー セントゥラーラ ストックホルム

うん。女王と王様が出会うところだからね。
Ja, här träffas* drottningen* och kungen*.
ヤー ハー トレファス ドロットニンゲン オ クンゲン

どういう意味？
Vad menar *du med det?
ヴァ メーナ(ル) ドゥ メ デー

コンサートホールの右手に王様通りがある。
Kungsgatan går till höger om Konserthuset.
クングスガータン ゴール ティル ヒューゲル オム コンサールヒューセッ(ツ)

右側。つまりあっちね。
Till höger, det är där, alltså*.
ティル ヒューゲル デ エ ダー(ル) アルツソ

うん。で、PUB の裏手には女王通りがあるんだ。
Ja. Och bakom* PUB går Drottninggatan.
ヤー オ バークオム ププ ゴール ドロットニングガータン

なるほど。PUB とコンサートホールの間に、広場があるのね。
Jaha*, ja. Torget ligger mellan* PUB och Konserthuset.
ヤハー ヤ トリイェット リッゲル メッラン ププ オ コンサールヒューセッ(ツ)

その通り。つまり王様と女王が合うでしょ、ストックホルムの真ん中で。
Just det*. Kungen och Drottningen träffas i mitten av Stockholm, alltså.
ユーステ クンゲン オ ドロットニンゲン トレファス イ ミッテン アーヴ ストックホルム アルツソ

Stadspromenad på svenska

89

#03
KONSERTHUSET

■ ■ ■ ■
Konserthuset

まあ、なんて（あなた）ロマンチックなの。
Oj, vad du är romantiskt!
オイ ヴァ ドゥ エー ロマーンティスク（ツ）

笑わないでくれる。お願いだから。
Skratta* inte, är du snäll*!
スクラッタ インテ エ ドゥ スネル

*i mitten av 〜　イ　ミッテン　アヴ〜＝「〜の真ん中で」

*träffas
トゥレファス＝「おたがいに出会う」
スウェーデン語では、動詞の語尾に **s** をつけて「お互いに〜し合う」という意味になる場合があります。
この項に出てきた **träffas** が、それに当たります。**träffas** は、**träffa** ＝トレファ＝「会う」に **s** がついて、たんに「会う」というのではなく、「(おたがいに) 出会う」という意味になります。
「わたし、彼と会うの」というときは、**Jag ska träffa honom**（ヤ　スカ　トレファ　ホンノム）ですが、「わたしたち会うの」というときは、**Vi ska träffas**（ヴィ　スカ　トレファス）と言うのです。
ほかには、たとえば **hör**（ホール）＝「聞く」というとき、「わたしは聞く」は **Jag hör**（ヤー　ホール）ですが、**Vi hörs**（ヴィ　ホーシュ）では「わたしたちは聞き合う」つまり「おたがい、連絡を取り合いましょう、電話しましょう」という意味になります。
se(r)（セー（ル））＝「見る」でも、同じ使い方がされます。**Vi ses**（ヴィ　セース）と言えば、「(わたしたち) また顔を合わせましょう＝また会いましょう」というニュアンスになるのです。

*drottning (en)　ドロットニング＝「女王」
いまの女王はシルビアで、**Drottning Silvia** です。

*kung(en)　クング＝「王様」
同じく、カール 16 世グスタフ。**Carl 16de Gustaf**　です。

*vad menar du?　ヴァ　メーナ（ル）ドゥ＝「どういうこと？」

Stadspromenad på svenska

子どものストリートパフォーマー　　　クングスガタン

直訳すると、「あなた、(それ) どういう意味 (で言ったの) ですか?」になります。
menar は「意味する、意味がある」で、英語の mean に相当しますが、気持ちを伝える意味合いが強い言葉です。
Jag menar det (ヤ　メーナ (ル) デ) といえば、「わたしは、そういう意味で言ったのよ」が直訳ですが、口語的には「そういうことなのよ」になります。ですから、強く発音すると、「本気で言ってるんだからね」というニュアンスになります。
同様に、**Vad menar du?** (ヴァ　メーナ (ル) ドゥ) も、強く発音すると、「あんた、いったい、どういうことなのさ」という風に、下手をすると喧嘩を売るようなことになります。優しく、ヴァ　メーナ (ル) ドゥ、と聞いてください。
また、言葉やモノなどが「意味する」というときは、別に **betyd(a)** (ベテユーダ) という単語があります。「これ、どういう意味なの?」というときは、**Vad betyder det?** (ヴァ　ベテユーデ (ル) デ?) と聞きます。
おおざっぱにいって、人 (わたし、あなた、彼など) が主語のときは **menar** を、ものごと (それ、〜のこと) のときは **betyder** を使うと理解しておきましょう。

*alltså　アルツソ=「つまり、そういうわけ」

*bakom〜　バークオム=「〜の後ろ」

*jaha　ヤハー=「なるほど」

*Just det　ユーステ=「その通り」
just (ユスツ=英語で just に相当) と det (デー=それ) が一緒になって、発音は「ユーステ」という風になります。
また、同意を込めて、強めに言うときには、precis (プリシース=まさしくその通り) という言葉を使います。使われる頻度は、こちらのほうが多いかもしれません。

*skratta　スクラッタ=「笑う」

*snäll　スネル=「優しい、親切な」
Han är snäll. (ハン　エー　スネル) といえば、普通に「彼は優しい、親切だ」となりますが、例文のように、**Är du snäll?** (エー　ドゥ　スネル?) と聞くと、別のニュアンスが強くなります。直訳は「あなた、やさしいですか?」ですが、「お願いだから」「わかってね」という意味になるのです。

Stadspromenad på svenska

#03
KONSERTHUSET

Shoppa ショッパ　ショッピング

うかがっていいですか？
Får jag fråga*?
フォ　ヤ　フローガ

もちろん。
Ja visst.
ヤ　ヴィスツ

何を、お求めですか？
Vad vill ni ha?
ヴァ　ヴィル　ニ　ハ

何をお探しですか？
Vad söker* ni?
ヴァ　セーケ（ル）　ニ

Stadspromenad på svenska

*fråga　フローガ＝「尋ねる、質問する」
Får jag fråga? は、英語で May I ask? になります。Får jag ～ については、すでにガムラスタンの項で説明しました。

*söker　セーケル＝「探す」
店員からは、Vad söker ni? という聞き方をされることがあります。ni（あなたたち）は、du のていねいな言い方でもあります。

これ、試していいですか？
Kan jag få prova* den?
カン　ヤ　フォ　ブローヴァ　デン

もちろん。
Ja, visst.
ヤ　ヴィスツ

試着室はどこですか？
Var är provrummet*?
ヴァール　エー　ブローヴルメッシ

*prova
ブローヴァ＝「試す」で、rum（ルム）は部屋。したがって、provrum（プルーヴルム）は試着室になります。rum の定形が rummet です。

Stadspromenad på svenska

93

#03
KONSERTHUSET

Shoppa

もう少し、大きいのありますか？
Har ni lite större*?
ハー (ル) ニ　リーテ　ストゥーレ

それがうちで一番大きいんですよ。
Det är den största* vi har.
デ　エー　デン　ストーシュタ　ヴィ　ハール

もう少し、小さいのはありますか？
Har ni lite mindre*?
ハー (ル) ニ　リーテ　ミンドゥレ

それがうちで一番小さいんですよ。
Det är den minsta* vi har.
デ　エー　デン　ミンスタ　ヴィ　ハール

もう少し長いのがいいんですけど。
Jag vill ha lite längre*.
ヤ　ヴィル　ハ　リーテ　レングレ

それがうちで一番長いんですよ。
Det är den längsta* vi har.
デ　エー　デン　レングスタ　ヴィ　ハール

もっと短いのがいいんですけど
Jag vill ha kortare*.
ヤ　ヴィル　ハ　コッタレ

それがうちで一番短いんですよ。
Det är den kortaste* vi har.
デ　エー　デン　コッタステ　ヴィ　ハール

Stadspromenad på svenska

これでいいですか？
Går det bra?
ゴ (ー) デ ブラー

これでいいわ。
Ja,det är fint.
ヤー デ エー フィン (ツ)

ぴったりだわ！
Det passar* precis!
デ パッサ (ル) プリシース！

これ、いただくわ。
Jag tar den.
ヤ ター (ル) デン

ありがとうございます。
Tack så mycket!
タック ソ ミュッケ

*större ストーレ＝「もっと大きい」
stor の比較級で、原級から比較級、最大級と順に、
stor（ストール）
större（ストーレ）
störst（ストーシュツ）

*mindre ミンドゥレ＝「もっと小さい」
lite の比較級で、順に
lite（リーテ）
mindre（ミンドゥレ）
minst（ミンスツ）

Stadspromenad på svenska

#03
KONSERTHUSET

Shoppa

*längre　レングレ＝「もっと長い」
lång の比較級で、順に、
lång（ロング）
längre（レングレ）
längst（レングスツ）

*kortare　コッタレ＝「もっと短い」
kort の比較級で、順に
kort（コッツ）
kortare（コッタレ）
kortast（コッタスツ）

(注・定冠詞がつく場合は、最上級は語尾に a、または e がつきます。)

*passa(r)
パッサ(ル)＝一義的な意味は「注意する」ですが、ここでは「似合う」「ふさわしい」「都合がよい」で、「彼には彼女がふさわしい」= **Han passar henne**（ハン　パッサール　ヘンネ）とか、「あなたの都合のよいとき」= **Nä det passar dig.**（ナール　デ　パッサール　デイ）という風にも使います。

Stadspromenad på svenska

#03
KONSERTHUSET

Kungliga Dramatiska Teatern
クングリガ　ドラマティスカ　テアーテン　王立劇場

ストックホルムには実験的な小劇場から立派な国立劇場まで、多くの劇場があります。劇場の密集する都市としては、世界のトップクラスだといわれます。なかでも「王立劇場」と「王立オペラ劇場」は観光スポットとしても双璧でしょう。「王立劇場」は20世紀初頭、建築家のフレデリック・リリエクヴィストが設計、華麗なルネッサンス様式の建物に仕立てました。映画「処女の泉」「野いちご」などを残したイングマール・ベルイマン監督が、最後と決めた長編映画を撮った後、ここで舞台演出家を務めたのは、よく知られています。ベルイマンと「王立劇場」の関係は、別掲のコラムにある通り、興味深いものでした。そしていま、劇場の裏手には「イングマール・ベルイマン通り」があるのです。それまでSmålandsgatan（スモーランズガタン＝スモーランズ通り）だった道の名前が、ベルイマンの功績をたたえ、記念として残すために変えられたのでした。

2007年、ベルイマンが亡くなった翌日（7月31日　火曜日）の全国夕刊紙 EXPRESSEN＝「エクスプレセン」紙は特別号をつくり、そのフロントページに、こんなタイトルをつけていました。

「いま、天国で、彼は、愛しのイングリッド　フォン　ローセンに会えるのだ」
"Nu får han möta* sin* älskade* Ingrid von Rosen i himlen*"
ヌ　フォー（ル）ハン　メータ　シン　エルスカデ　イングリッド　フォン　ローセン　イ　ヒムレン

*möta　メータ＝「出会う、遭遇する」
「出会う」のは、人だけではありません。「危険」や「運命」に「遭遇する」ときにも使います。ここでは「ベルイマンは死んで、イングリッドに会えるのだ」と、悼む気持ちが込められています。彼は晩年、「死」の意味を聞かれて、「人と会えなくなること」と答えていました。それが、ベルイマン死亡記事に möta という言葉を選択させたのでしょう。
また、ここでは nu（ヌ＝いま）という、時制をあらわす言葉が先に来ている（倒置法）ので、語順が逆になっています。普通は、**Han får möta** と表現しますが、ここでは「いま、ついに、とうとう」ということを強調したいために、このような使い方をしたのです（前に **Det får han** の説明をしました。**Han får** を強調したいときには、**Det** を先にもってきて、語順を変えるのでした）。

*sin　シン＝ここでは「彼の」という意味
sin の使い方は厄介です。前に「〜の」という所有格の説明をしたときに、「彼の」は **hans** でした。それが、ここでは **sin älskade**（シン　エルスカデ）になっています。なぜ **hans älskade**（ハンス　エルスカデ）ではないのでしょうか。
じつは、面倒なことにスウェーデン語では、主語になっている人物が「彼」と「彼女」（いわゆる三人称）、「彼ら」の場合、その所有格をあらわすには、**sin**（**sitt**、**sina**）を使います。もし、ここで **hans älskade**（ハンス　エルスカデ）を使うと、「彼のいとしい人」には違いないのですが、「別の彼のいとしい人」になってしまうのです。
（さらに、ややこしいのですが、人は **en** 名詞ですから、ここでは **sin** で、**ett** 名詞には **sitt**（シッツ）複数形では **sina**（シーナ）を使います）
例文で感覚をつかんでください。

Stadspromenad på svenska

#03
KONSERTHUSET

Kungliga Dramatiska Teatern

> *****älskade**　エルスカデ＝「愛人、愛した、愛しい」
> 愛蔵本などにも使われます。文語的で、クラシカルな響きがあります。「愛人」には、もうひとつ **älskling**（エルスクリン）という単語もあります。こちらは、英語の「ハニー」風に使われることが多いようです。
>
> *****himlen**　ヒムレン＝「空」「天国」
> i は「〜の中で」ですから、この場合は「天国で」のほうがふさわしいでしょう

彼は（自分の）奥さんを愛しています。
Han älskar sin fru*.
ハン　エルスカ（ル）シン　フルゥ

彼女は（自分の）夫を愛しています。
Hon älskar sin man.
ホン　エルスカ（ル）シン　マン

彼は（ほかの彼の）奥さんを愛している。
Han älskar hans fru.
ハン　エルスカ（ル）ハンス　フルゥ

彼女は（ほかの彼女の）夫を愛している。
Hon älskar hennes man.
ホン　エルスカ（ル）ヘンネス　マン

彼らは（自分たちの）子どもを愛している。
De älskar sina barn.
ドム　エルカ（ル）シーナ　バーン

ベルイマンは（自分の）運命に出会った。
Bergman fick* möta sitt öde*.
ベルイマン　フィック　メータ　シッツ　エーデ

*fru　フルゥ＝「妻、夫人」

*fick　フィック＝ **får**（フォール）の過去形。

*öde　エーデ＝「運命」
ett 名詞ですから、sitt öde になります。

ベルイマンには5度の結婚歴があります。イングリッドは最後の5人目の妻でした。1971 年に結婚。95 年に彼女が、がんで亡くなるまで 24 年間の結婚生活を送りました。生前、ベルイマンが妻イングリッドについて、こう言っていたと「EXPRESSEN」紙は伝えています。

「もう一度、妻と一緒になりたい、とイングマール・ベルイマンは言う」
Ingmar Bergman säger att han vill återförenas* med *sin fru.
イングマール　ベルイマン　セイェル　アッツ　ハン　ヴィル　オーテルフォレナース　メ　シン　フルゥ

*återförenas　オーテルフォレナース＝「再び一緒になる」「長い間、音信のなかった人に会う」
この場合は「死んだ妻と、もう一度一緒になる」

*med　メ（ッド）＝「～とともに」
（注）ここでも「彼の妻と」は **med sin fru** になっています

#03
KONSERTHUSET

Kungliga Dramatiska Teatern

ドラマーテンから王宮へ向かって3分も歩くとKungsträdgården（クングストレーゴーデン）＝「王様の庭園」に着きます。もとは王室の野菜畑でしたが、いまは開放されて市民公園になっています。春には桜のもとでチェスに興じ、夏はアイスクリームをなめながら噴水を眺め、冬はスケートリンクで楽しむ人たちでにぎわいます。

アイスクリームが欲しいわ。
Jag vill ha glass*.
ヤ　ヴィル　ハ　グラス

> ***glass**　グラス＝「アイスクリーム」
> ソフトクリームは、**mjuk**（ミューク＝柔らかい）**glass** で、**mjukglass**（ミュークグラス）になります。
>
> スウェーデン語では、一般的に母音（**a, e, i, o, u, y, ä, å, ö**）は長めに発音します。しかし、母音の後に連続して同じ子音が続くとき、その母音は短く発音します。**äpple**（エップレ＝リンゴ）、**pappa**（パッパ＝パパ）**mamma**（マンマ＝ママ）など。アイスクリームの **glass** も、そのひとつです。母音の **a** の後に子音の **ss** がきていますから。この場合、グラスは「グ」にアクセントを置いて、強めに早くグラスと言い切ります。
> これに対して、ガラスやガラスのコップを意味する **glas** は、グラースと「ラ」を長く発音します。

王様の庭園

Stadspromenad på svenska

#03
KONSERTHUSET

Operan オペラン オペラハウス

Operanには「歴史の悲劇」が刻まれています。18世紀、最初のオペランを建設した当の王・グスタフ3世が、この場所で暗殺されたのです。王はスウェーデンに隆盛をもたらす一方、演劇にも関心が強く、自ら戯曲を書き俳優として演じ「演劇王」の異名をとっていました。
しかし、その強引な戦争遂行や厳しい課税制度のために貴族との関係が悪化。ついには脅迫状が届くほどでした。それでも王は意に介さず、オペラ座で仮面舞踏会を強行。その最中、アンカー・ストレームという下級貴族に、背後から銃弾を浴びたのです。王の白い仮面が舞い上がり、黒い夜会服に鮮血が滲み、舞踏会場は悲鳴と怒号で混乱の極みに陥ったのでした。1792年3月16日、グスタフ3世、46歳のときの暗殺劇です。
当時、王が身に着けていた、銃弾の貫通した穴と血痕の残る夜会服、仮面、マント、そして犯行に使われた銃は、いま王宮内にあるLivrustkammaren（リーヴラスツカンマレン＝王家の武儀博物館）に陳列されています。情熱的なイタリアのオペラ作曲家、ヴェルディの「仮面舞踏会」は、この史実をもとにつくられたドラマチックな歌曲です。

オペラ正面のグスタフ・アドルフ広場に建つ、グスタフ・ワーサ王の像。王の視線の先、およそ1キロメートルに王宮があります

へーえ、ここで、そんな悲劇があったんだ。
Jaså*, det har hänt*en sådan*tragedi* här.
ヤッソー デ ハ ヘンツ エン ソーダン トラフェディー ハール

あなたは、どんな演劇が好き？
Vilken sorts pjäs tycker du om?
ヴィルケン ソーッツ ピエース テユッケル ドゥ オム

喜劇それとも悲劇？
Komedi eller tragedi?
コメディー エッラ トラフェディー

わたし、劇より映画のほうが好きだな。
Jag tycker mera* om film än* teater.
ヤー テユッケル メーラ オム フィルム エン テアテル

ミュージカルはどう？
Vad tycker du om musikaler?
ヴァ テユッケル ドゥ オム ムシカーレル

いいわね。
Det är fint.
デ エー フィン (ツ)

映画で大切なのは何？
Vad är det som är viktigast* i filmen?
ヴァ エー デー ソム エー ヴィキティガスツ イ フィルメン

Stadspromenad på svenska

#03
KONSERTHUSET

Operan

監督、脚本だと思う。
Regissör* och manus*, tror jag*.
レフィソール　オ　マーヌス　トゥロール　ヤー

俳優じゃないの？
Inte skådespelarna*?
インテ　スコードスペラナ

（彼らは）そんなに重要じゃないわ。
De är inte så viktiga.
ドム　エー　インテ　ソ　ヴィキティガ

じゃ、映画館に行こう。
Då går vi på* bio*.
ドゥ　ゴー　ヴィ ポ　ビーオ

ミレニアムもう見た？
Har du sett* Millennium*?
ハー　ドゥ　セッツ　ミレーニウム

見たわ、日本で。
Ja, det har jag gjort* i Japan.
ヤー　デ　ハー　ヤ　ヨーッツ　イ　ヤーパン

そりゃ残念。
Det var synd*.
デ　ヴァー　シュンド

*jaså　ヤッソー＝「あっそう」
ほとんど日本語と同じ発音感覚です。あいづちを打つときの言葉。大げさに声をあげていえば、「本当？」とか「そうだったんだ」という意味に。つまらなそうに、軽く流して言えば「なぁーんだ」ということになります。

106　Stadspromenad på svenska

*har hänt

文法用語でいえば、現在完了形です。**har**は**have**動詞で、**hänt**(ヘンツ)は**hända**(ヘンダ＝何かが起きる、生じる)の過去分詞。つまり、「かつて、ここで〜が起きた」という意味です。

文法はともかく、この言い方は多用されます。「何したの？」＝ **Vad har du gjort i dag？**（ヴァ ハー ドゥ ヨーッツ イダーグ？＝きょうは何していたの？）は、よく聞かれるフレーズです。返事は、**Jag har 〜**（ヤ ハー）とします。〜のところには、〜をしたという過去分詞が入ります。下記の例文では、過去分詞の後にカッコで、現在形を示します。

街を歩いてきたの。
Jag har gått (gå) i stan.
ヤ ハー ゴッツ イ スタン

街まで（クルマで、電車で）行ってきたの。
Jag har åkt (åka) till stan.
ヤ ハー オークツ ティル スタン

服を買ってきたわ。
Jag har köpt (köpa) kläder.
ヤ ハー シェプツ クレーデル

映画を見てきたの。
Jag har sett (se) filmen.
ヤ ハー セッツ フィルメン

*Millennium ミレニウム
ここでは、2009年のスウェーデン映画「ミレニウム」＝スティーグ・ラーション原作のことです。

*sådan ソーダン＝「そのような」「そんな」
sån(ソン)と略されることがあります。複数形の **sådana**(ソーダナ)は **såna**(ソーナ)と略されます。

Stadspromenad på svenska

#03
KONSERTHUSET

Operan

Sådan är han.
(ソーダン エー ハン)
「彼はそんな男よ」(いい意味でも、悪い意味でも使います)

わたし、そんな風に見える?（同じく）
Ser jag sådan ut?
セー(ル)ヤ ソウダン ユーツ?

  *tragedi トラフェディー=「悲劇」

  *pjäs ピエース=「劇」

  *komedi コメディー=「喜劇」

  *mer(a) X änY メー(ラ) X エン Y =「Y より X のほうがもっと」
  mer は「もっと、〜以上」で、än は「〜に比べて、〜より（むしろ）」です。

もっともっと。
Mer och mer.
メール オ メール

もっとコーヒーいかが?
Vill du ha mer kaffe?
ヴィル ドゥ ハ メール カフェ

もう、それ以上言わないで!
Säg inte mer!
セイ インテ メール

それって、悲劇というより喜劇ね。
Det är mer komedi än tragedi.
デ エー メール コメディー エン トラフェディー

Stadspromenad på svenska

*musikal　ムシカール=「ミュージカル」

*viktigast　ヴィキティガスツ=「最も重要な」
viktig（ヴィキティグ=原級）
viktigare（ヴィキティガレ=比較級）
viktigast =ヴィキティガスツ=最上級）

*regissör　レフィソール=「監督」

*manus　マーヌス=「脚本」

*tror jag　トゥロール　ヤー=「わたしは、そう思う」
監督と脚本が主語なので、jag と tror が倒置します。わたしを強調してヤーと言います。

*skådespelare　スコードスペラレ=「俳優」
正しくは「男優」のこと、「女優」は skådespelarska（スコードスペラシュカ）と語尾が変化します。skåde（スコーデ）は「舞台」で、spel(a)（スペラ）は「演じる、プレーする」という意味です。
スウェーデン語では、動詞の後に are（アレ）がつくと、「職業とする(人。主に男性)」になります。skomakare（スコーマーカレ=靴屋）、läkare（レーカレ=医者）など。
「女性」の場合は、are でなく、ska（シュカ）と、別の言い方になることがあります。俳優もそうですが、看護の場合も sjukskötare（シュークシュエータレ）は「看護夫」で、「看護婦」は sjuksköterska（シュークシュエーテシュカ）になるのです。ちなみに、sjuk（シューク）は「病気」、sköta（シェータ）は「面倒をみる」です。面倒ですが、「医者」＝läkare（レーカレ）の場合は、「女性の」＝kvinnlig（クヴィンリグ）をつけて、kvinnlig läkare（クヴィンリグレーカレ）が女医になります。

*bio　ビーオ=「映画」

… # #03

KONSERTHUSET

Operan

*synd　シュンド＝「罪」「残念、かわいそう」
ここでは「残念」です。よく使われる言葉です。**Så synd！**（ソ　シュンド）といえば、「まあ、かわいそう！」とか「残念でした！」になります。**Det är synd om henne.**（デ　エー　シュンド　オム　ヘンネ）＝「彼女、かわいそうだわ」です。すっごくかわいそう、なときは **Det är så synd om henne.**（デ　エー　ソ　シュンド　オム　ヘンネ）と、「ソ」に力を込めて言いましょう。
また、「まあ、かわいそうに！」は、

Stackars dig(du)！　スタッカシ　デイ！＝（あなた）かわいそう！
Stackars mig(jag)！　スタッカシ　メイ！＝（わたし）かわいそう！

と言います。

stackare（スタッカレ）といえば、「哀れなもの」「かわいそうなもの」になります。

ベルイマン監督のマル秘シート
=王立劇場で初観劇の感激

イングマール・ベルイマン（Ingmar Bergman）は、スウェーデンを代表する世界的な監督です。多くの秀作を残し、2007年7月30日、89歳で亡くなりました。その翌日発行された、夕刊紙「エクスプレセン」(EXPRESSEN) の追悼別冊に、興味深い秘話が紹介されていました。友人が生前のベルイマンから、こんな打ち明け話を聞いたというのです。

「ぼくが初めてドラマーテン（王立劇場）で芝居を観たのは9歳のときだった。とても感激した。いまでも、そのときの座席をおぼえている。前から2列目、左から3番目の席だった。いまでも、ドラマーテンに行くと、ときどき、その席に座ってみることがあるんだ」

　ベルイマンは映画製作と並行して舞台用の脚本を書き、このドラマーテンで演出をしていました。9歳のときに座った思い出が、演技指導の最中、脳裏をよぎったこともあるのではないでしょうか。前から2列目、左から3番目。ベルイマン監督のファンなら、座ってみたいところです。

#03
KONSERTHUSET

Slussen   スルッセン　スルッセン

スルッセンは市の南、ガムラスタンとセーデルマルム地区の境にある町です。ゆるやかな坂道を登るにつれ、ガムラスタンや中心街が見渡せるようになります。サルトシュー湖を臨む高台には、18世紀に建てられた木造家屋が、傾いだ塀に囲まれて軒を並べています。塀と家の隙間を縫うように、急な階段と細い路地が曲がりくねって続き、かい間見える水辺の景色には中世の面影が色濃く残ります。

スルッセンのターミナルには、仮面舞踏会で暗殺されたグスタフ3世の騎馬像があります。馬上で右手をすっと伸ばし、進軍を命じているように見えます。その方角に高台へ向かう坂道が続いているのです。

(わたしを) 撮ってもらえますか?
Kan du ta kort* på mig?
カン　ドゥ　タ　コッツ　ポ　メイ

写してもらえる?
Kan du knäppa*?
カン　ドゥ　クネッパ

グスタフ3世像

いいとも。撮ってあげるよ。
Javisst! Det kan jag göra.
ヤヴィスツ　デ　カン　ヤ　ヨーラ

チーズ！（ほほ笑んで！）
Le*!
レェー

（あなたを）撮ってもいいですか？
Kan jag ta kort på dig?
カン　ヤ　タ　コッツ　ポ　デイ

写していいですか？
Kan jag knäppa?
カン　ヤ　クネッパ

いいとも。
Javisst!
ヤヴィスツ

もう少し、近くに来てくれる？
Kan du komma lite närmare*?
カン　ドゥ　コッマ　リーテ　ナルマレ

もう少し、こっちに来てくれる？
Kan du komma lite hitåt*?
カン　ドゥ　コッマ　リーテ　ヒートォーツ

もう少し、下がってくれる？
Kan du gå lite bakåt*?
カン　ドゥ　ゴー　リーテ　バーコォーツ

Stadspromenad på svenska

#03

KONSERTHUSET
■■■■
Slussen

映画「ミレニウム」で使われた、架空の事件を報じる、実在する夕刊紙「アフトンブラーデット」の一面

もう少し、左に寄ってくれる？
Kan du flytta* lite till vänster?
カン ドゥ フリュッタ リーテ ティ（ル） ヴェンステル

もう少し、右に寄ってくれる？
Kan du flytta lite till höger?
カン ドゥ フリュッタ リーテ ティ（ル） ヘェーゲル

かんぺき！
Perfekt!
パルフェクツ

*ta kort タ コッツ＝「写真を撮る」
kort には「短い」「カード」の意味もあります。**spela kort**（スペラ コッツ）で「トランプをやる」になります。（「短い」はショッピングの項を参照）

*Javisst ヤヴィスツ＝「いいですよ」「もちろん」
Ja と **visst** の複合語です。**Ja** は「はい」で **visst**（ヴィスツ）は「確かに」です。たんに **Visst!** というだけでも通用しますが、ヤヴィスツのほうが「喜んでやってあげますよ」「もちろんOKですよ」という気持ちが伝わります。

*knäppa クネッパ
ここでは「スナップ」「シャッターを押す」という意味で、ほかに「つまむ」とか「ボタンをはめる」というときにも使います。「写真を撮る」では、前出の **ta kort** でも、**knäppa** でも大きな違いはありません

*le レー＝「ほほ笑む」
唇の両端を優しく引いて発音します。唇の動かし方と意味が一致している言葉です。「チーズ」とは言いません。チーズは **ost**（ウォスツ）と、唇をうち出すように発音します。これだと誤解されるかもしれません。

*närmare　ナルマレ＝「もっと近く」
lite närmare ですから「もうちょっと近く」になります。手前に近く、というだけではありません。隣同士で座っていて、Kom lite närmare！（コム　リーテ　ナルマレ）と命令形を使えば、「もうちょっとこっちに寄ってきて」になります。
nära（ナーラ＝近い＝原級）
närmare（ナルマレ＝比較級）
närmast（ナルマスツ＝最上級）

*hitåt　ヒートォーツ＝「こっちの方に」
hit（ヒーツ）と åt（オーツ）の複合語です。hit は、動きを伴う「こっちに」という言葉で、här（ハール）「ここ」との違いは前に説明しました。åt は「〜に」と方向を示す言葉です。hitåt は「こっちの方に」で、より明確な指示になります。例文の場合は、わたしという、はっきりした目標に向かって来て、と指示したわけです。同様に、dit（ディーツ＝「あっちに」の場合も、「あっちのほうに」は ditåt（ディートォーツ）と言います。

*bakåt　バーコォーツ＝「後ろの方に」
bak と åt の複合語。
反対に、「前」は framme（フランメ）で、動きのある「前に」は fram（フラム）で、「前のほうに」は、やはり framåt（フラムォーツ）と言います。

*flytta　フリュッタ＝「動く」「移す」「移動する」
命令形では på（ポ）をつけて、Flytta på dig！
（フリュッタ　ポ　デイ）といいます。軽く言えば「どいてちょうだい」ですが、眼を据えて på を強く長く「ポー」と発音すれば、「どけよ」と、緊張感のある表現になります。

Stadspromenad på svenska

#03
KONSERTHUSET

Stockholms Stadsmuseum
ストックホルムズスタッズムュセーウム　ストックホルム市博物館

スルッセンの地下鉄駅を出て、すぐ左手にあります。ストックホルムの歴史、主に市民の生活に焦点を当てた展示品をそろえています。ほんの100年前まで、スウェーデンは貧乏国でした。人口の5分の1が米国へ移民したという歴史があります。その貧しかったころの住居、教室などが再現され、街の移り変わりを教える貴重なフィルムが上映されます。ユニークなのは、館内に子どもたちの遊び場をつくり、ときに昔の教室で実際の授業が行われることです。また現在にも目を向けて、王女が結婚を決めれば、結婚式関連の展示を、「ミレニウム」というベストセラー小説が映画化されれば、その関連品を陳列。見学者は「生きている博物館」という印象を受けることでしょう。

左の写真は「乳母車はここ」という標識。右は子どもたちが遊ぶ館内の通路と昔の教室で行われる授業風景

スウェーデンが貧乏国だったって本当？
Är det sant* att Sverige var ett fattigt* land* förut*?
エー デ サンツ アッツ スヴァリエ ヴァー エッツ ファッティッツ ランド フォールーツ

うん、米国に移民する人が多かった。
Ja, det var många som utvandrade* till Amerika.
ヤー デ ヴァー モンガ ソム ウーツバンドラデ ティ(ル) アメリカ

そんなに貧しかったの？
Var de så fattiga?
ヴァー ドム ソ ファッティガ

うん、スウェーデンは豊かな国じゃなかった。
Ja ,Sverige var inte ett rikt*land.
ヤー スヴァリエ ヴァー インテ エッツ リークツ ランド

「移民者たち」って映画、知ってる？
Känner du till* en film som heter Utvandrarna*?
シェンネル ドゥ ティル エン フィルム ソム ヘーテル ユーツバンドゥラナ

原作はヴィルヘルム・ムーベリって作家の本なんだけど。
Det är författaren* Vilhelm Moberg* som har skrivit* den romanen*.
デ エー フォファッタレン ヴィルヘルム・ムーベリ ソム ハー スクリーヴィッツ デン ロマーネン

彼はスウェーデン人が貧しかったころの歴史を書いているんだ。
Han skrev om folkets historia*, när svenskarna var fattiga.
ハン スクレーヴ オム フォルケッツ ヒストーリア ナー(ル) スヴェンスカナ ヴァ ファッテイガ

日本語の翻訳あるかしら？
Finns det översättning till* japanska?
フィンス デ エーヴァシェッティング ティル ヤパンスカ

Stadspromenad på svenska 117

#03
KONSERTHUSET

Stockholms Stadsmuseum

残念だけど、ないよ。
Det finns inte, tyvärr*.
デ フィンス インテ チュヴァール

*sant　サンツ=「真実の」
Det är sant. =「本当よ」
Inte sant？=「そうじゃないの？」

*fattig(t)　ファッティグ=「貧しい」

*rik(t)　リーク=「裕福な」
複数で fattiga（ファッティガ）は「貧しい人」に、rika（リーカ）は「金持ち」にそれぞれ使われます。

*förut　フォリューツ=「以前に」

*utvandrade　ユゥーツヴァンドラデ
utvandra（ユゥーツヴァンドラ＝移民する）の過去形。
ut は「外へ」または「前へ」、vandra（ヴァンドラ＝「歩く」「出かける」の意）との複合語です。utvandrare（ユゥーツヴァンドラレ）と、語尾に are がつくと、前に話したように人のことで、外国への「移民」になります。逆に、in をつけて invandrare（インヴァンドラレ）となれば、自国に入ってくる「移民」です。スウェーデンの人口は、およそ 900 万人で、5 人にひとりが invandrare だといわれています。

*Känner du till ～？　シェンネル ドゥ ティル～=「～を知っていますか？」
ここでは映画名を聞いていますが、主に「人物」を知っているかと、聞くときに使います。

スルッセンのターミナル

彼女（彼）を知っていますか？
Känner du till henne (honom)?
シェンネル　ドゥ　ティル　ヘンネ（ホンノム）

*författare　フォファッタレ＝「作家」（注・författa（書く）に are がついています）

*Vilhelm Moberg
ヴィルヘルム・ムーベリ＝国民的な作家。代表作は歴史小説「移民者たち」シリーズ。1974 年、76 歳で入水自殺しました。別掲のコラムで遺書を紹介しています。
なお、ムーベリと彼の著作「この世のときを」に関しては、社団法人・スウェーデン社会研究所の所報（2008 年 12 月 31 日号）に、訳者・山下泰文氏のインタビューが掲載されています。

*skrivit　スクリーヴィッツ＝「書いた」
skriva（スクリーヴァ）の過去分詞。
過去形は skrev（スクレーヴ）です

*roman(nen)　ロマーン（ネン）＝「小説」「物語」
ロマーネンは、特定の小説を指します。この場合はムーベリの書いた小説ですから、ネンをつけなければいけません。

*folkets historia　フォルケッツ　ヒストーリア＝「国民の歴史」「人々の物語」

Stadspromenad på svenska

#03
KONSERTHUSET

Stockholms Stadsmuseum

   ***översättning**　エーヴァシェッツニング＝「翻訳」
   動詞は **översätta**（エーヴァシェッタ）になります。

これ、英語に訳せますか？
Kan du översätta den till englska?
カン　ドゥ　エーヴァシェッタ　デン　ティル　エンゲルスカ

これ、スウェーデン語から日本語に訳せますか？
Kan du översätta den från svenska till japanska?
カン　ドゥ　エーヴァシェッタ　デン　フロン　スヴェンスカ　ティル　ヤパンスカ

   ***tyvärr**　チュヴァール＝「残念ですが」「悪いけど」「運が悪く」
   例文のように **inte** を伴うことが多いのは当然です。**Tyvärr** だけでも通用しますが、デートなどに誘われて、断るときに **Förlåt mig！Det kan jag inte,tyvärr.**（フェロート　メイ！　デ　カン　ヤ　インテ、チュヴァール）＝「ごめんなさいね。悪いけど、できないわ」と言えば、きっぱりと、しかし優しく伝わります。

市博物館とスルッセンの駅前広場

Stadspromenad på svenska

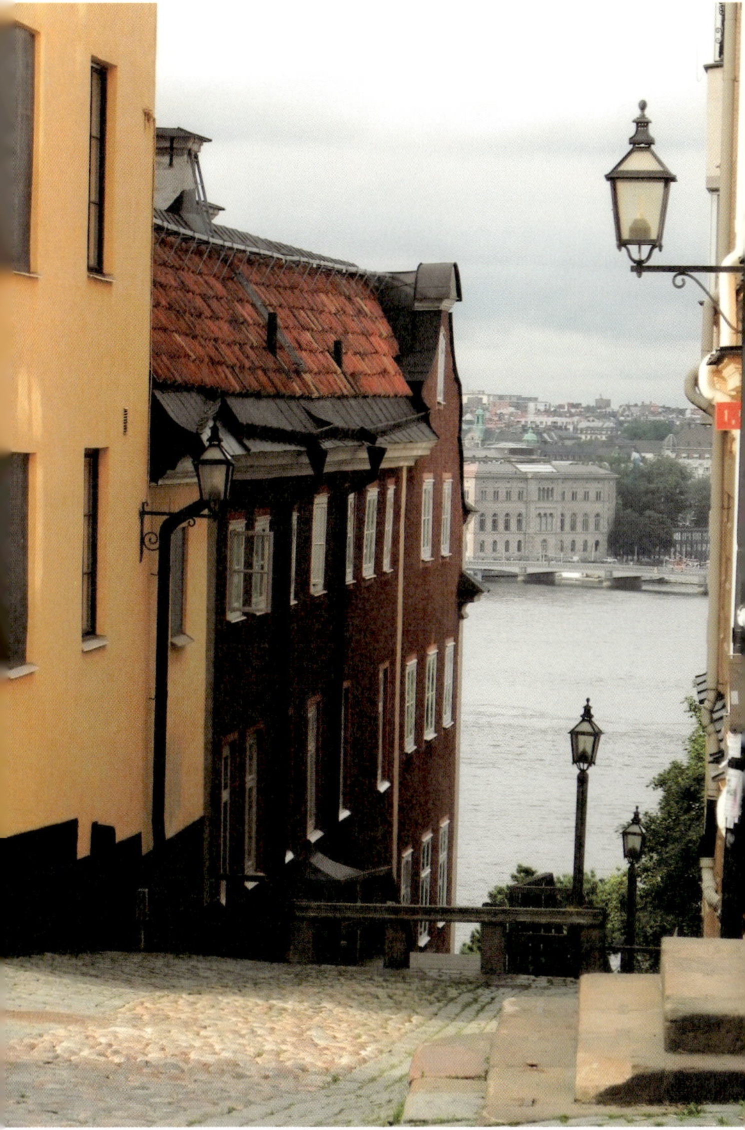

ホーンテッドミュージアム
= 奇怪な音がどこからともなく

ディズニーランドのホーンテッドマンションを思わせる博物館があります。モセバッケンの項で紹介した作家アウグスト・ストリドベルイの博物館（STRINDBERGSMUSEET）です。20世紀初頭、彼が晩年の数年間を過ごした住居が、当時のままのレイアウトで残され、博物館になっているのです。エレベーターも当時のまま、金属製の二重扉です。外側の扉を手前に開け、中の扉を横に滑らせるタイプ。エレベーターに乗っただけで、すでに異空間へ入り込んだ気分です。

館内では音の仕掛けに驚くでしょう。まず寝室から入って窓際に行くと、何やらガヤガヤした音が聞こえます。戸外でストリンドベルイの誕生日を祝う市民たちの歓声です。居間に入ると、グツグツいう音が聞こえます。小テーブルの上にあるコーヒーメーカーが働いているのです。驚く間もなく、壁際にあるピアノがひとりでに曲を奏でます。ベートーベンのソナタです。ピアノの上にはベートーベンのデスマスクが掛けられています。自動演奏に聞き惚れていると、奥のほうから大きな咳が聞こえてきます。咳は、さらに奥の書斎から聞こえてくるのです。書斎をのぞくと机のうえに、作家の使用したメガネや文房具類が、整然と並んでいます。じっくり眺めていると、今度は電話のベルが鳴り……という具合。それほど人気のある博物館ではありません。ひとりで訪れることができたら、より楽しめること請け合いです。

ストックホルムで浮世絵を
=ダンス博物館の快

旅先で、こんなところに日本のものが!? と驚くことがあります。これもそのひとつ。ストックホルムで「歌川豊国・国定」の浮世絵が見られる博物館があるのです。なぜ、美術館でなく博物館なのでしょうか。

オペラ座(Operan)のある、グスタフ・アドルフ広場（Gustav Adolfs Torg）に面した建物の一画に、「ダンス博物館」(Dansmuseet)があります。バレーを始め、世界各国のダンス衣装、舞台などが紹介されています。日本のコーナーもあって、ミニチュアの舞台や着物とともに、役者の浮世絵＝役者絵が3点ほど展示されているのです。オリジナルのプリントで保存状態も悪くありません。博物館は文化的な作品を数多くそろえていますが、芸術性という点では、これらの役者絵がもっとも高い展示品だと思われます。

本来なら美術館が適所ですが、ダンス関連の文化グッズとして扱われ、博物館に陳列されるというわけです。入場無料。必見。

#03
KONSERTHUSET

Götgatan　　ヨーツガータン　ヨーツガータン

スルッセンから南ストックホルムにかけて、南北に走るヨーツガタン界隈が、いま若者に人気のスポットです。少しラフでクラシカルな街並みには、どこかパリの下町の風情が漂います。カジュアルなブティックがひしめき、軒を並べるカフェレストランの雑多なにぎわいに、若者たちは引き寄せられるのでしょう。人気はリーズナブルなプライスのビールとワインです。夜更けまでブルーの透明感を残す白夜のもと、屋外に張り出したテラス席に陣取って、幾杯もジョッキとグラスを飲み交わしながら、バイキングの末裔たちは、短い夏をいつまでも楽しみます。

オーダーいいですか？
Kan jag beställa*?
カン　ヤ　ベステッラ

もちろん！
Javisst!
ヤヴィスツ

でも、キミ、パスポート持ってる？
Men har du pass*?
メン　ハー（ル）ドゥ　パッス

なぜ、聞くの？
Varför frågar du det?
ヴァルフォー　フローガル　ドゥ　デー

キミの年齢をチェックしないと。
Jag måste* kolla* din ålder*.
ヤ　モステ　コッラ　ディン　オールデル

どうして？
Varför det?
ヴァルフォー　デー

スウェーデンじゃ酒は 18 歳以上でないと飲めないんだよ
Man måste vara* över*arton år för att dricka alkohol i Sverige.
マン　モステ　ヴァラ　エーヴェル　オートン　オール　フォー　オ　ドリュッカ　アルコホール　イ　スヴァリエ

わたし 20 歳、超えてるのよ。
Jag är över tjugo år!
ヤー　エー　エーベル　シュウゴ　オール

でも、日本人は若く見えるから。
Men japanerna ser yngre ut*.
メン　ヤパーネナ　セール　ユングレ　ユーツ

あっそ。
Jaså.
ヤッソ

Stadspromenad på svenska

#03
KONSERTHUSET

Götgatan

うん。キミは若く見えるんだ。
Ja, du ser yngre ut.
ヤー ドゥ セール ユングレ ユーツ

あっそう。若く見える、のね？
Jaså.Ser jag yngre ut?
ヤッソ セール ヤ ユングレ ユーツ

いや、キミは若いよ、ごめんね。
Nej ,du är ung*. Ursäkta!
ネイ ドゥ エー ウング ウーシェクタ

もう、遅いわ。
Det för sent*!
デ フォ シェーンツ

うそ、冗談よ。
Nej, det är bara*på skoj.
ネイ デ エー バーラ ポ スコイ

まあいいわ、乾杯！
I alla fall*, skål*!
イ アッラ ファル スコール

乾杯!!
Skål!!
スコール

*beställa ベステッラ=「注文する」

*pass パッス=「パスポート」

Stadspromenad på svenska

***måste** モステ=「〜しなければいけない」

***kolla** コッラ=「チェックする」「確かめる」

***ålder** オールデル=「年齢」

***vara** ヴァーラ=「〜である」

***över〜** エーベル=「〜の上」

***ser〜ut** セー 〜 ユーツ=「〜に見える」
yngre（ユングレ）は、**ung**（ウング）=「若い」の比較級で「より若い」です。最上級は **yngst**（ユングスツ）です。
「彼、どんなルックス？」= **Hur ser han ut ?**（ヒュール セー（ル）ハン ユーツ？）
「よさそうよ」= **Han ser bra ut.**（ハン セー（ル）ブロー ユーツ）
「それ、よさそうね」= **Det ser fint ut.**（デ セー（ル）フィンツ ユーツ）
「ちょっとよくなさそう」= **Det ser inte så fint ut.**（デ セー（ル）インテ ソ フィン（ツ）ユーツ）

***ursäkta** ウーシェクタ=「ごめんなさい」
謝罪の言葉は、ほかに **förlåt**（フェロート）というのもあります。ともに、正式には **ursäkta mig**（ウーシェクタ メイ）**förlåt mig**（フェロート メイ）と、**mig**（メイ=わたしを）がつきますが、会話では略してかまいません。

***för sent** フォ シェーンツ=「遅くなりすぎた」
文法的には色々ありますが、日本語で「遅すぎた」と言いたいときには、**Det är för sent.**（デ エー フォシェーンツ）を使えばよいでしょう。

***skoj** スコイ=「冗談」

#03
KONSERTHUSET
Götgatan

*bara〜 バーラ=「〜だけ」「単に」
前出のskojと合わせ、**bara på skoj**(バーラ ポ スコイ)で、「単なる冗談」「ちょっとしたお遊び」になります。
「好きなのは、あなただけ」は、**Jag tycker bara om dig.**(ヤー テユッケル バーラ オム デイ)と言います。バーラをゆっくり強めに発音すると、当然ながら「あなただけを」が強調されます。

*i alla fall イ アッラ ファル=「とにかく」

*skål スコール=「乾杯！」

Stadspromenad på svenska

#03
KONSERTHUSET

Kontoret コントーレッツ オフィス

100年前には、人口の5分の1が米国へ移住していた貧しい国が、なぜ社会保障の充実する先進国へ変貌したのでしょうか。理由はいくつもあります。中立国として2度にわたる世界大戦の戦火から免れたこと。豊富な森林資源と鉄鉱石をもとに、高度な工業製品を生産し輸出したこと。人材育成を国是として、勤勉で優秀な労働力を増産したこと。社会主義的手段で男女平等を実現させ、富の再分配に成功したこと。最新のITやバイオ関連産業への積極的な取り組みが、成果を生み出していること等々。しかし充実しているのは労働事情ばかりではなさそうです。人間と人間の生活を尊重する、という視点が基盤にあるように思えます。今回はそんな社会を支える、ある金融関連会社のオフィスをのぞいてみることにしましょう。

毎日何時間働いているの？
Hur lång tid jobbar* du om dagen*?
ヒュール ロング ティード ヨッバル ドゥ オム ダーゲン（ダーン）

Stadspromenad på svenska

テラスのある中庭　　簡素な会議室

8 時間ですよ。
Åtta timmar.
オッタ　ティンマル

1 週間で何日、働くの？
Hur många arbetsdagar* i veckan* har du?
ヒュー（ル）モンガ　アルベーツダーガル　イ　ヴェッカン　ハー（ル）　ドゥ

1 週 5 日間労働ですよ。
Fem dagar i veckan.
フェム　ダーガル　イ　ヴェッカン

定年は何歳ですか？
När går man i pension*?
ナー（ル）ゴール　マン　イ　パンフォーン

65 歳です。でもその気があれば 69 歳まで働けますよ。
Sextiofem år. Men om man vill, kan man jobba till sextionio.
セックティオフェム　オール　メン　オム　マン　ヴィル　カン　マン　ヨッバ　ティル　セクスティニイオ

夏休みは年間どのくらいあるんですか？
Hur lång semester* har du om året*?
ヒュール　ロング　セメステル　ハー（ル）　ドゥ　オム　オーレッツ

ぼくは 60 歳を超えているから、6 週間ですよ
Jag är över sextio år, då får man sex veckor.
ヤー　エー　エーヴェル　セックスティオ　オール　ドオ　フォー（ル）マン　セックス　ヴェッコール

Stadspromenad på svenska

#03
KONSERTHUSET

Kontoret

ええ。20歳なら5週間。どの会社でもほとんど同じですよ。
Ja. Fem veckor för tjugoåringar*. Det är likadant på de flesta* firmorna.
ヤー フェム ヴェッコール フォー（ル） シュウゴーリンガル デ エー リカダン ポ ドム フレスタ フィルモナ

ホントに取れるんですか？
Kan man ta det verkligen*?
カン マン ター デ ヴェルクリゲン

もちろん。なんで、そんなこと聞くんです？
Ja visst, varför frågar du det?
ヤヴィッスツ ヴァルフォー フローガル ドゥ デ

べつに大したことじゃないんです・・・気にしないでください。
Inget speciellt*, ta det inte så allvarligt*.
インゲッツ スペシアルツ タ デ インテ ソ アルヴァーリクツ

ゆっくり休みを取って、家族と一緒に過ごす。それが人生、でしょう？
Man tar tillräckligt lång semester, för att vara med familjen. Det är livet, inte sant*?
マン タール ティルレックリクツ ロングセメステル フォー アッツ ヴァラ メ ド ファミリエン デ エー リーヴェッツ インテ サンツ

*jobbar ヨッパル＝「働く」
jobb（ヨップ）で、「労働」
Hur lång tid ～＝「何時間～？」直訳すると「どれくらい長く」です。

*om dagen オム ダーゲン＝「1日に」「1日で」
om は、基本的に「～について」という意味の前置詞ですが、「日」と「年」をしめすときにも使われます。
「1年で」は、om året（オム オーレッツ）になります。

Stadspromenad på svenska

オフィス内のセルフサービス・カフェ

また、「〜ごと」というときはこうなります。
per år（パー　オール）＝「年ごとに」
per månad（パー　モーナッド）＝「月ごとに」
per vecka（パー　ヴェッカ）＝「週ごとに」

しかし、「週」と「月」には、**om** の代わりに **i** を使います。
「1か月で」では **i månaden**（イ　モーナデン）、
「1週間で」も **i veckan**（イ　ヴェッカン）になります。（これは後に例文で使われています）前置詞の使い方は、理屈抜きで覚えるしかありません。
dagen（会話ではダーンと発音することが多い）は **dag**（ダーグ）、**året** は **år**（オール）、**månaden** は **månad**（モーナッド）、**veckan** は **vecka**（ヴェッカ）の定形です。

***arbetsdagen**　アリベーツダーン＝「労働日」

***går i pension**　ゴー（ル）イ　パンフォーン＝「年金生活に入る」
pensionär（パンフォナール）で「年金生活者」

***semester**　セメステル＝「有給休暇」

***olik/a**　オーリカ＝「さまざまな」「異なった」「同じでない」
スウェーデン語では、形容詞や副詞に **o** をつけて、反対の意味を表す言葉にすることが多々あります。たとえば、この **olika** は、**o** を取って **lika**（リーカ）にすると「同じ」という意味になります。
よく使われる言葉を列記します。
olycklig（オーリュックリグ）＝「不幸な、運が悪い」
lycklig（リュックリグ）＝「幸運な、幸せな」
ogift（オーイフツ）＝「未婚の、独身の」
gift（イーフツ）＝「既婚の」
omöjlig（オーメイリグ）＝「不可能な」
möjlig（メイリグ）＝「可能な」

Stadspromenad på svenska

#03
KONSERTHUSET
Kontoret

***åringar**　オーリンガル＝「年代」

***firmor**　フィルモル＝（**firma**＝フィルマ＝会社）の複数形
「株式会社」は **AB**（**aktiebolag**＝アクティエボラーグ）といいます。

***de flesta**　ドム　フレスタ＝「ほとんど、大部分」

***verkligen**　ヴェルクリゲン＝「本当に」「現実的な」
Verkligen? 語尾を上げて発音すれば、この単語だけで「本当？」の意味になります。
また、先に **Nej**（ネイ）＝「いいえ」をもってきて、**Nej, verkligen ?**（ネーイ　ヴェルクリゲン？）と言えば、「うそでしょう？」「まさか」になります。

***inget speciellt**　インゲッツ　スペシアルツ＝「特別なことではない」「大したことじゃないわ」

***allvarligt**　アルヴァーリクツ＝「深刻な」「まじめな」
Ta det inte allvarligt !（タ　デ　インテ　アルヴァーリクツ）＝「それを真面目に取らないで」は、軽く発音すれば「気にしないで」という風に伝わります。

***tillräckligt**　ティルレックリクツ＝「十分に」

***inte sant**　インテ　サンツ＝「真実ではない」
例文のように、疑問文にして、**sant**（サンツ）を問いかけるように発音すると、「そうじゃない？」「そうだと思わない？」と、同意を求める気持ちが伝わります。
しかし、当然ですが、普通に否定文で、**Det är inte sant.**（デ　エー　インテ　サンツ）＝「それは違うね」「それは真実ではない」と言えば、文字通り「違います」という意味になります。

134　Stadspromenad på svenska

セルゲル通りに面するオフィスビル

Stadspromenad på svenska

#03
KONSERTHUSET

Saluhall　サルハル　マーケット

ストックホルムには３つの大きなマーケットがあります。ここに紹介するのは、スルッセンに近い南ストックホルム（Stockholm Södra＝ストックホルムセードラ）にある、もっとも新しい「サルハル」です。新鮮な肉や魚、野鳥にオイル、チーズにスィーツなどの専門店が軒を並べ、食事のできるカウンター席をもつところもあります。肉屋には、なんと「神戸ビーフ」も置いてありました。

何がお勧めですか？
Vad rekommenderar* ni*?
ヴァ　レコメンデーラル　ニ

神戸ビーフをお勧めしますね。
Jag rekommenderar Kobe-biff.
ヤー　レコメンデーラル　コーベビッフ

Stadspromenad på svenska

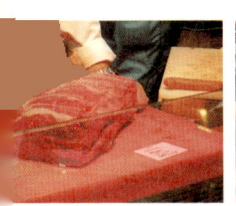

左・神戸ビーフ　右・エイムンズ牧場のポスター

なんですって？
Vad säger ni?
ヴァ　セイエル　ニ

神戸ビーフですよ。
Jag sa(de)*Kobe-biff.
ヤ　サー　コーベビッフ

ウソでしょ。
Nej! Du ljuger*.
ネイ　ドゥ　リューゲル

ハッハ。本当ですよ。ゴットランド島に特別な牧場があるんです。エイムンズ牧場という名前のね。そこで神戸牛を飼育しているんです。わたしたちは、牧場主と知り合いでね。それで仕入れることができるんです。
Haha. Ja, det är sant. Det finns en speciell gård* på Gotland. Den heter Ejmundsgård. Där har de Kobe-kor*. Vi känner gårdsägaren*. Därför får vi hem biffarna.
ハッハ　ヨー　デ　エー　サンツ　デ　フィンス　エン　スペシェール　ゴード　ポ　ゴットランド　デン　ヘーテル　エイムンズゴード　ダール　ハール　ドム　コウベコウ　ヴィ　シェンネル　ゴーズスエーガレン　ダルフォー　フォー　ヴィ　ヘム　ビッファナ

試食してみますか？
Vill du provsmaka?
ヴィル　ドゥ　プローヴスモーカ

とってもおいしいわ！
Det är jättegott*!
デ　エー　イェッテゴッツ

#03
KONSERTHUSET

Saluhall

***rekommendera**　レコメンデーラ＝「推薦する」

***ni**　ニ＝「あなたたち」「（丁寧語の）あなた」
お店の人には「あなた方」という意味で ni を使った方がよいと思います。レストランで注文するときもそうでした。

***sa**　サー＝「言った」
säger（セイエル＝言う）の過去形。**sade**（サーデ）が正しい綴りですが、sa と略して書く場合もあります。

***ljuger**　リューゲル＝「ウソをつく」
Du ljuger（ドゥ　リューゲル）＝「あなたはうそをついている」で「うそでしょう」となります。例文のように、**Nej**（ネイ＝いいえ）を先につけて、**Nej , du ljuger.**（ネイ　ドゥ　リューゲル）と言うことが多い。

***ko**　コー＝「牛」
牛肉は **biff**（ビッフ）
豚＝ **gris**（グリース）
豚肉は **fläskkött**（フレスクシェッツ）
鶏＝ **höns**（ヘェンス）
鶏肉は **kyckling**（シックリング）
総称して肉は **kött**（シェッツ）です。
料理法はこうなります。
（肉を）焼く＝ **steka**（ステーカ）
（パンを）焼く＝ **baka**（バーカ）
揚げる＝ **fritera**（フリテーラ）
燻製にする＝ **röka**（リューカ）
ゆでる＝ **koka**（コーカ）
湯を沸かす＝ **koka vatten**（コーカ　ヴァッテン）

***gård**　ゴード＝「牧場」

***gårdsägare** ゴーズエーガレ＝「牧場主」
「持ち主、所有者」ägare（エーガレ）は、「持つ」＝ äga（エーガ）という動詞に **(a) re** がついて人物を表す言葉になりました。前にも出てきましたね。

***jättegott** イェッテゴッツ＝「とてもおいしい」
Det är jättegott！（デ　エー　イェッテゴッツ！）を、笑顔で素直に連発すると喜ばれます。

いちばん高価なチーズはどれですか？
Vilken är den dyraste osten* ni har?
ヴィルケン　エー　デン　デューラステ　オステン　ニ　ハール

ペッコリーノですね。
Det är pecorino.
デ　エー　ペッコリーノ

おいくらですか？
Hur mycket kostar den?
ヒュー（ル）ミュッケ　コスタ（ル）　デン

1キロ 769 クローネです。
Den kostar 769kronor* per kilogram.
デン　コスタ　フュフンドラニッティセックス　クローノル　パー　チーログラム

***osten** オステン＝「（特定の）チーズ」
もっとも高価なチーズと、特定しているので。普通（**en** 名詞）は **ost**（オスツ）です。

***769kronor=769kr.**
スウェーデンは、欧州ユーロ圏に加盟していません。貨幣は **krona**（クローネ＝単数）です。2010 年現在、1 クローネは約 12 円です。769kr. はおよそ 9228 円になります。

… # #03

KONSERTHUSET

Saluhall

スウェーデン製の商品ありますか？
Har ni några svenska saker här?
ハー　ニ　ノー（グ）ラ　スヴェンスカ　ソーケル　ハール

ええ、たくさんありますよ。
Ja, det finns många.
ヤー　デ　フィンス　モンガ

女の子には、何が人気ですか？
Vilka är flickornas* favoriter*?
ヴィルカ　エー　フリッコナス　ファヴォリーテル

彼女たちが好きなのはスイーツよ。
De gillar* godis*.
ドム　イッラル　グゥオーデイス

*flickorna**　フリッコナ＝「女の子たち」
定形の複数形。単数は **flicka**（フリッカ）です。

*favorit**　ファヴォリーツ＝「お気に入り、人気者」
Hon är lärarens favorit.（ホン　エー　レーランレンス　ファヴォリーツ）＝「彼女はティーチャーズペットです」

*gilla(r)**　イッラ（ル）＝「好き」
tycker om（テュッケル　オム）＝「好き」より、少しくだけた言い方です。

*godis**　グォーディス＝「スイーツ」

<お菓子関連単語>

チョコレート= choklad(フックラード)
キャンディ= kola(コーラ)
ガム= tuggummi(ツッグミ)
ケーキ= tårta(トータ)
クッキー= kaka(カーカ)
ジャム= sylt(シルツ)
ハチミツ= honung(ホーヌング)

<味覚関連単語>

甘い= söt(セーツ)
辛い= stark(スタルク)
塩っぱい= salt(サルツ)
酸っぱい= sur(シュール)
苦い= bitter(ビッテル)
固い = hård(ホード)
柔らかい= mjuk(ミューク)

<調味料関連単語>

オリーブオイル= oliv olja(オリーヴオリヤ)
ハーブ= örter(ウッテル)
ハム= skinka(シンカ)
ソーセージ= korv(コルブ)
塩= salt(サルツ)
こしょう= peppar(ペッパル)
砂糖= socker(ソッケル)
醤油= soya(ソイヤ)

#03
KONSERTHUSET

Saluhall

どんな魚がありますか？
Vilka fiskar* har ni?
ヴィルカ　フィスカル　ハー　ニ

マグロ= **tonfisk**（トーンフィスク）
タラ= **torsk**（トシュク）
サケ= **lax**（ラックス）
サバ= **makrill**（マクリル）
ニシン= **sill**（シル）
カレイ= **plattfisk**（プタッタフィスク）
カニ= **krabba**（クラッブ）
エビ= **räk**（レーク）

（それらは）生なの？
Är de råa*?
エー　ドム　ロゥア

ええ。新鮮ですよ。
Ja, de är färska*.
ヤー　ドム　エー　ファシュカ

***fiskar**　フィスカル=「魚（複数）」
単数は **fisk**（フィスク）

***rå**　ロゥ=「生の」
刺身は **rå fisk**（ロゥフィスク）ですが、いまでは「サシミ」で通用します。ひと昔前までは、「日本人はロゥフィスク食べるの？」と笑われたものですが、いまやストックホルムには「**Sushi Bar**」がひしめいています。

***färsk**　ファシュク=「新鮮な」
食べ物だけではありません。**färska nyheter**（ファシュカ　ニュヘーテル）=「最新ニュース」にも使います。

野鳥を売るお店

カウンター席で食事

Stadspromenad på svenska

林 壮行
Takeyuki Hayashi

1947年東京生まれ。1974年ストックホルム大学スウェーデン語コース卒業。スウェーデン以外の国における「スウェーデン語教師資格」を取得。帰国後、(株)日刊現代編集部勤務。「日刊ゲンダイ」で連載した「松坂大輔物語」を2007年に『松坂大輔のDNA』(アスコム)として出版。運動部長から編集委員を経て2009年退職。現在フリー。社団法人「スウェーデン社会研究所」理事。

街歩きのスウェーデン語
まちある／ご

2011年7月20日　第1刷発行

写真
林 壮一郎

監修
Inger Johansson

編集協力
Carl-Henrik Andelid

デザイン
木ノ下 努 [アロハデザイン]
http://www.aloha-design.com/

著　者　林 壮行
発行者　前田 俊秀
発行所　株式会社 三修社
　　　　〒150-0001　東京都渋谷区神宮前 2-2-22
　　　　TEL 03-3405-4511　FAX 03-3405-4522
　　　　振替 00190-9-72758
　　　　http://www.sanshusha.co.jp
　　　　編集担当　斎藤 俊樹

印刷・製本　大日本印刷株式会社

© Takeyuki Hayashi 2011　Printed in Japan
ISBN978-4-384-04442-3 C0087

R〈日本複写権センター委託出版物〉
本書を無断で複写複製(コピー)することは、著作権法上の例外を除き、禁じられています。本書をコピーされる場合は、事前に日本複写権センター(JRRC)の許諾を受けてください。
JRRC〈http://www.jrrc.or.jp　eメール：info@jrrc.or.jp　電話：03-3401-2382〉